Hellmuth Karasek

BRIEFE BEWEGEN DIE WELT

Liebe · Schicksal · Leidenschaft

Wir danken der Stiftung Lesen und der Deutschen Post DHL,
ohne deren Unterstützung dieses Buch nicht zustande gekommen wäre.

Hendrik teNeues

Hellmuth Karasek

BRIEFE BEWEGEN DIE WELT

Liebe · Schicksal · Leidenschaft

teNeues

Einen erstaunlichen Dialog entdeckte ich kürzlich in einem Internet-Forum: „Schreibt Ihr noch Briefe?" Antwort einer Vielnutzerin des Forums mit stattlichen 3387 Beiträgen im Netz: „Briefe zu schreiben ist toll. Und Briefe zu bekommen ist noch toller." Das hat doch etwas: Ausgerechnet das Internet liefert einen Hinweis darauf, dass der persönliche Brief auf Papier auch in Zeiten der vollelektronischen Kommunikation seinen festen Platz hat. Zwar geht das gesamte Briefaufkommen in Deutschland Jahr für Jahr leicht zurück. Gleichzeitig aber wächst die Zahl jener, die sich dafür engagieren, der ältesten und vielleicht wichtigsten Kulturtechnik zu einer Renaissance zu verhelfen. Schulen, Universitäten und private wie öffentliche Weiterbildungsinstitutionen bieten vermehrt Kurse an, wie man einen guten Brief schreibt. Und die Nachfrage ist groß. Dies belegt auch das überwältigende Interesse am ersten Band dieser Reihe „Briefe bewegen die Welt". In wenigen Wochen war die erste Auflage vergriffen, zudem war der erste Band für viele Zeitungen, Online-Seiten und TV-Sendungen Anlass genug, mit ihren Lesern und Zuschauern über die Bedeutung des Briefeschreibens zu diskutieren. Was uns ganz besonders freut: Die Stiftung Lesen nutzt dieses Buch, um bundesweit in Schulen ab der achten Schulklasse der Frage nachzugehen: „Bewegen Briefe *meine* Welt?" Dies ist indes kein Plädoyer für „früher war alles schöner". Die Botschaft all solcher Aktivitäten heißt vielmehr: Der Brief, insbesondere der handgeschriebene, hat neben anderen Kommunikationswegen wie Mailen, Bloggen oder Simsen auch in Zukunft einen festen Platz im Repertoire unserer Möglichkeiten, anderen Menschen etwas mitzuteilen. Voraussetzung dazu ist, dass auch die nächste Generation die Grundkenntnisse dieser Kulturtechnik beherrscht. Deshalb kommt der Aktion der Stiftung Lesen eine so große Bedeutung zu. Medienkompetenz bedeutet heute nicht nur Sicherheit im Umgang mit den elektronischen Kommunikationsangeboten, sondern auch die Fähigkeit, aus ganz unterschiedlichen Mitteilungswegen den richtigen zu finden für die jeweiligen Inhalte. Dazu leistet Hellmuth Karasek mit diesem zweiten Band unserer Buchreihe „Briefe bewegen die Welt" erneut einen wichtigen Beitrag. Ausgewählt hat er diesmal das Thema „Liebe, Schicksal, Leidenschaft". Darunter ist unter anderem der Liebesbrief der elfjährigen Ruth an ihren Klassenkameraden Alex zu finden, beide selbstverständlich im Besitz eines Handys, doch das hätte diese Nachricht nicht mit gleicher Wirkung transportieren können, wie auf Seite 110 f. zu sehen ist. Für mich ein Indiz dafür: Je umfangreicher die elektronische Kommunikation, desto größer die Sehnsucht nach authentischer und persönlicher Ansprache.

Jürgen Gerdes
Konzernvorstand Brief Deutsche Post DHL

Nach Diktat verreist

Briefe enthalten, neben Tagebüchern, die intimsten, persönlichsten und privatesten Äußerungen und Entäußerungen von Menschen, die sich schriftlich erklären. Natürlich haben Briefe im Unterschied zu Tagebüchern einen Adressaten, einen Ansprechpartner, während der Schreiber von Tagebüchern gleichsam in einen Spiegel blickt und mit sich selbst spricht, sich seiner selbst vergewissert. Beide sind wegen ihrer Intimität geheim, ihr Inhalt wird vom Schreiber so gut wie möglich geschützt, sei es durch das Postgeheimnis, sei es dadurch, dass er Tagebücher sorgfältig wegschließt, eines Tages vernichtet – wie Thomas Mann seine Tagebücher der frühen Jahre im amerikanischen Exil –, oder indem er bestimmt, dass sie erst nach einer langen Sperrfrist, selbst über den Tod hinaus, zugänglich gemacht werden, weil er Angehörige und Betroffene schonen will, so wie es Max Frisch mit seinen Tagebüchern getan hat. Briefe werden von ihren Schreibern oft Jahre später zurückgefordert, damit sie wieder Kontrolle über ihre Intimität und Privatheit bekommen. Bei Briefwechseln wird oft ein Teil vernichtet, sodass wir beispielsweise Hölderlins Briefe an Diotima nicht kennen. Nur ihre an ihn. Die Hälfte einer großen Liebe fehlt, sie lässt sich nur aus anderen Zeugnissen erschließen und erahnen. So geht, wer sich Briefen und Tagebüchern widmet, auch lange nach dem Tod der Verfasser, immer auf Schatzsuche, er bringt oft Verborgenes an den Tag. Nestroys Briefwechsel mit seinen zahlreichen Amouren lassen sich nur durch Anweisungen an Freunde erschließen, ganz wenige Briefe haben sich erhalten, zum Beispiel der an Caroline Köfer, ein Dokument einer seltsamen und nüchtern praktischen Liebesleidenschaft.

Liest man Briefe wieder, die man einst voller Begeisterung von sich gegeben und auch abgeschickt hat, dann treibt einem der Gedanke an diese Briefe später die Schamesröte ins Gesicht. Man möchte als pubertäre

Schwärmerei ungeschehen machen, was sich in nur langsam verblassender Tinte niedergeschlagen hat. Ich gebe dazu gern ein banales Beispiel. Ich habe einst eine schmerzhafte örtliche Trennung von einer Freundin erlebt, ich blieb in Tübingen und sie studierte für ein Jahr in Freiburg. Heute keine allzu weite Entfernung, damals aber de facto nur brieflich zu überbrücken. Ich merkte an den verzögerten oder schließlich ausbleibenden Antworten, dass da ein Feuer am Erkalten war. Umso mehr warf ich in meinen Briefen, um im Bild zu bleiben, Kohlen in die Glut. Dreißig Jahre später, die Empfängerin war inzwischen verheiratet und beruflich gut situiert, berichtete sie mir bei einem Telefonat fröhlich, ihre Kinder hätten auf dem Speicher meine Briefe entdeckt und spielten damit Post. Eine Sekunde lang fasste ich den aberwitzigen Plan, heimlich hinzureisen, die Briefe zu stehlen und alsbald zu vernichten. Glücklicherweise hat sich das alles erübrigt.

Briefe enthalten oft Wahrheiten, die nur für zwei bestimmt sind und die festhalten, was längst nicht mehr wahr sein muss. Tagebücher haben wohl mehr Wahrheit als Briefe, obwohl auch sie Posen, Verrenkungen und Selbsttäuschungen kennen. Man posiert auch vor dem Spiegel und möchte manchmal selbst beim Rasieren gut aussehen. Das Gleiche gilt für die Seele. Briefe schonen und schönen manchmal auch die Wahrheit. Einmal, weil der Schreiber besser dastehen möchte, als er ist, einmal, weil er gnädige Schleier über manche seiner Eigenschaften und Wünsche legen möchte. Indem sich Briefe äußern, verschweigen sie auch viel. Ein geradezu ergreifendes Beispiel dafür ist Heinrich Heines Brief an seine Mutter, als er todkrank und bettlägerig in seiner Pariser „Matratzengruft" lag und seiner Mutter alles verschwieg, was auf seine Krankheit zum Tode hingedeutet hätte.

Ich möchte hier von einem Brief an meine Eltern berichten, der total verlogen war, der so tat, als sei er privat und intim, und sich doch heimlich nicht an meine Eltern, sondern an eine Öffentlichkeit wandte: den Staatsapparat der DDR.

1948 schrieb George Orwell seine Abrechnung mit dem totalitären, stalinistischen Kommunismus unter dem Titel „1984". Dieser Dreher von 1948 auf 1984 wies damals in eine ferne Zukunft; seufzend muss ich gestehen, dass dies inzwischen tiefste Vergangenheit ist. In dem Buch kommt nicht nur der „Große Bruder" vor, der alles weiß und sich in die Hirne aller einschleicht, Orwell hat auch den genialen Charakter des „Doublespeak" erkannt, in dem Lüge zur Wahrheit und Wahrheit zur Lüge wird. Ich kenne dazu einen Witz, der die sowjetische Nachrichtenagentur TASS zum Gegenstand hat. Der Sachverhalt: In Moskau findet ein Marathonwettlauf zwischen einem sowjetischen und einem amerikanischen Athleten statt. Der Amerikaner gewinnt. Der Sowjetbürger wird Zweiter. Wie berichtet TASS für die Zeitungen darüber? „In einem international hoch besetzten Rennen gewann die Sowjetunion einen ehrenvollen zweiten Platz, während die USA nur Vorletzter wurden."

Nun zu meinem Brief, den ich leider rekonstruieren muss, weil ich ihn nicht mehr besitze. Ich werde vielleicht nicht ganz den Tonfall von damals treffen, den Sachverhalt sehr wohl.

1952, unmittelbar nach dem Abitur, beschlossen einige Klassenkameraden und ich, unverzüglich in den Westen zu fliehen. Wir packten jeder einen Koffer mit dem Notwendigsten und wollten, falls wir von den DDR-Grenzern gefasst, „geschnappt" würden, vorschützen, wir seien auf dem Weg in die Ferien an der Ostsee. Der Weg von Bernburg an der Saale führte über Berlin, das damals noch keine Mauer hatte, um das aber Bürger, die nicht dort wohnten, herumgeleitet wurden, es sei denn, sie hatten plausible Gründe, etwas in Berlin erledigen zu müssen. Besuche von Verwandten und Freunden zum Beispiel, vor allem aber Geschäftskontakte mit den DDR-Behörden. Wir stiegen also in Potsdam in die Berliner S-Bahn um und fuhren Richtung Bahnhof Zoo. Am Bahnhof Friedrichstraße wurde per Lautsprecher ausgerufen, alle Bürger der DDR hätten aus dem Zug auszusteigen, weil der „den demokratischen Sektor" verlasse.

(Auch so ein Beispiel für „Doublespeak". Die Steigerung von „demokratisch" war „volksdemokratisch".) „Republikflucht" war schon damals strafbar und hatte für den Erwischten die Konsequenz, dass er eingesperrt und auf die Dauer sozial vernichtet wurde. Für Angehörige galt Ähnliches. Mein Vater war zu der Zeit leitender Angestellter in einem volkseigenen Holzbetrieb. Natürlich habe ich mit meinen Eltern meine Flucht genau besprochen, von meinem Vater Adressen seiner Freunde im Westen bekommen, mein Vater und meine Mutter haben mich sogar noch in Westberlin besucht, was sie konnten, da mein Vater oft geschäftlich im Auftrag seiner Firma nach Berlin reisen musste und dadurch auch nach Westberlin fahren konnte. Damals, auf dem Höhepunkt einer Fluchtwelle, nutzten täglich tausende DDR-Bürger diesen Fluchtweg. Kaum im Westen, schrieb ich meinen Eltern einen Brief, der etwa so ging:

„Liebe Eltern, leider muss ich Euch durch diesen Brief großen Kummer und große Sorgen bereiten. Ich bin mit meinen Freunden nicht, wie wir Euch erzählt haben, in die Ferien zum Zelten an die Ostsee gefahren, sondern habe in Berlin die Gelegenheit benutzt, mich nach Westberlin abzusetzen. Es tut mir sehr leid, dass ich Euch diese unangenehme Überraschung bereite.
Ihr werdet verstehen, dass ich sie nicht mit Euch absprechen konnte und wollte.
Ich weiß, dass ich in Euren Augen einen schweren und groben Fehler begangen habe, und bitte Euch nochmals um Verzeihung für die Täuschung, die ich an Euch verübt habe.
Euer Sohn Hellmuth"

Dieser Brief war nicht etwa (oder nicht etwa nur) für die heimliche Postzensur bestimmt, die es in der DDR damals sicher gegeben hat. Er sollte meinen Eltern auch einen „Persilschein" (so hießen damals falsche Zeugnisse über die eigene Tätigkeit, das eigene Denken in der Nazivergangenheit) für die Öffentlichkeit ausstellen, den sie vorzeigen konnten: Seht, wir sind an unserem missratenen Sohn unschuldig, wir haben mit seinem Verbrechen nichts zu tun.

In der Tat hat mir nach meinem ersten Bernburger Besuch nach der Wende ein ehemaliger Mitarbeiter meines Vaters bestätigt, dass dieser (der ihm einen Studienplatz in Dresden durch ein Gutachten vermittelt hatte und dem dieser Mann dankbar war) meinen Brief an das Schwarze Brett der Firma geheftet hatte, mit einer Erklärung, wie leid ihm der Fehltritt und Fehlschritt seines Sohnes tue. Wahrheit und Liebe in Zeiten des Kalten Krieges, kann man da nur sagen. Lüge als Fratze der Wahrheit. Meinen Eltern hat diese Camouflage nicht wirklich etwas genützt. Mein Vater war im Betrieb von da an von Misstrauen umgeben. Die Familie ist mir durch eigene Flucht ein paar Jahre später in den Westen gefolgt. Und dadurch, dass sie sehr spät als Flüchtlinge im Wirtschaftswunderland ankamen, nun von politischen Turbulenzen in wirtschaftliche Schwierigkeiten gekommen. Doch Ende gut, alles gut. Ich selbst habe im Westen gelernt, der damals der „Goldene Westen" hieß, dass nicht alles Gold ist, was glänzt, doch ich hatte niemals mehr Angst, bei Nacht und Nebel ohne Grund verhaftet zu werden. Briefe in „Doublespeak" habe ich bestenfalls an eventuelle Freundinnen geschrieben, politisch musste ich nun nicht mehr lügen. 1984 war für mich seit 1952 auch postalisch vorbei. Nach Diktat verreist, nach Diktatur verreist.

Hellmuth Karasek

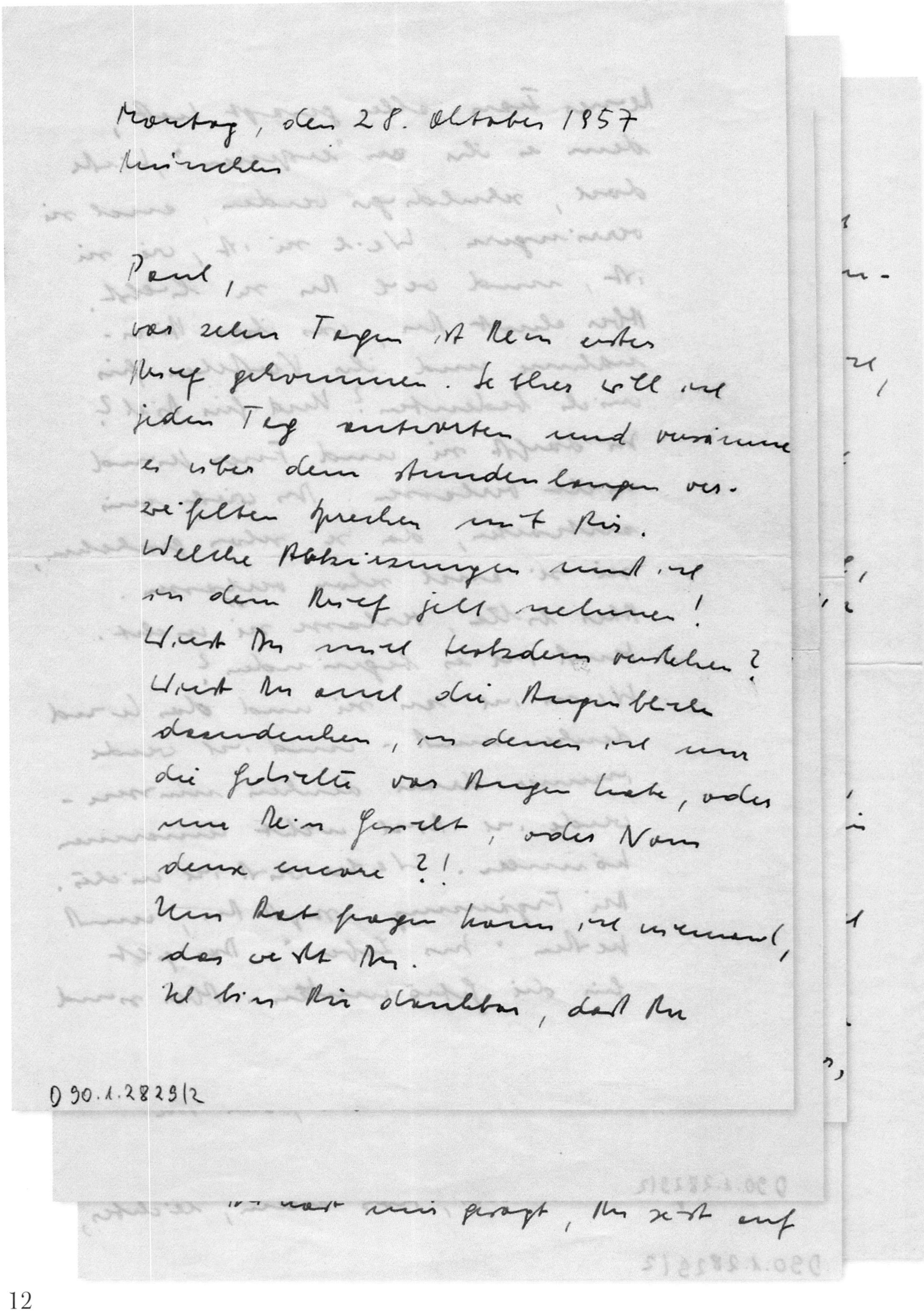
Montag, den 28. Oktober 1957
München

Paul,
vor zehn Tagen ist Dein erster
Brief gekommen. Seither will ich
jeden Tag antworten und versäume
es über dem stundenlangen ver-
zweifelten Sprechen mit Dir.
Welche Abkürzungen muss ich
in dem Brief jetzt nehmen!
Wirst Du mich trotzdem verstehen?
Wirst Du auch die Augenblicke
dazudenken, in denen ich nur
die Gedichte vor Augen habe, oder
nur Dein Gesicht, oder Nous
deux encore?!
Um Rat fragen kann ich niemand,
das weisst Du.
Ich bin Dir dankbar, dass Du

D 90.1.2829/2

Montag, den 28. Oktober 1957
München

Paul,
vor zehn Tagen ist Dein erster Brief gekommen. Seither will ich jeden Tag antworten und versäume es über dem stundenlangen verzweifelten Sprechen mit Dir.

Welche Abkürzungen muß ich in dem Brief jetzt nehmen! Wirst Du mich trotzdem verstehen? Wirst Du auch die Augenblicke dazudenken, in denen ich nur die Gedichte vor Augen habe, oder nur Dein Gesicht, oder Nous deux encore?!

Um Rat fragen kann ich niemand, das weißt Du.

Ich bin Dir dankbar, daß Du Deiner Frau alles gesagt hast, denn es ihr „ersparen", hieße doch, schuldiger werden, auch sie verringern. Weil sie ist, wie sie ist, und weil Du sie liebst. Aber ahnst Du, was ihre Hinnahme und ihr Verstehen für mich bedeuten? Und für Dich? Du darfst sie und Euer Kind nicht verlassen. Du wirst mir antworten, das sei schon geschehen, sie sei auch schon verlassen. Aber bitte, verlasse sie nicht. Muß ich es begründen?

Wenn ich an sie und das Kind denken muß – und ich werde immer daran denken müssen – werde ich Dich nicht umarmen können. Weiter weiß ich nichts. Die Ergänzung, sagst Du, muß heißen „Ins Leben". Das gilt für die Geträumten. Aber sind wir nur die Geträumten? Und hat eine Ergänzung nicht immer stattgehabt, und sind wir nicht schon verzweifelt im Leben, auch jetzt, wo wir meinen, es käme auf einen Schritt an, hinaus, hinüber, miteinander?

Dienstag: ich weiß schon wieder nicht weiter. Bis vier Uhr früh war ich wach und wollte mich zwingen, weiterzuschreiben, aber ich konnte den Brief nicht mehr anrühren. Liebster Paul. Wenn Du Ende November kommen könntest! Ich wünsche es mir. Darf ich? Wir müssen uns jetzt sehen.

In einem Brief an die Prinzessin mußte ich gestern, um nicht auszuweichen, ein paar Worte über Dich schreiben, „herzliche". Früher fiel mir das, trotz allem, leichter, weil ich so glücklich war, Deinen Namen aussprechen oder schreiben zu können. Jetzt meine ich fast, Dich um Verzeihung bitten zu müssen, wenn ich Deinen Namen nicht für mich behalte.

Aber wir wissen schon, wie es uns, unter den anderen, weiterergehen wird. Nur wird es uns nicht mehr einschränken.

Als ich nach Donaueschingen kam vor einer Woche, hatte ich plötzlich den Wunsch, alles zu sagen, alles sagen zu müssen, wie Du es mußtest in Paris. Aber Du mußtest, und ich durfte es nicht einmal, ich bin ja frei und in dieser Freiheit verloren. Weißt Du, was ich damit meine? Doch das ist nur ein Gedanke aus einer langen Gedankenkette, einer Fesselung.

Du hast mir gesagt, Du seist auf immer versöhnt mit mir, das vergesse ich Dir nie. Muß ich jetzt denken, daß ich Dich wieder unglücklich mache, wieder die Zerstörung bringe, für sie und Dich, Dich und mich?

Daß man so verdammt sein sollte, kann ich nicht begreifen.

Paul, ich schicke den Brief so weg, mein Verlangen war, viel genauer zu sein. –

Ich wollte Dir noch sagen in Köln, Dich bitten, die „Lieder auf der Flucht“ noch einmal zu lesen, in jenem Winter vor zwei Jahren bin ich am Ende gewesen und habe die Verwerfung angenommen. Ich habe nicht mehr gehofft, freigesprochen zu werden. Zu welchem Ende?

Ingeborg

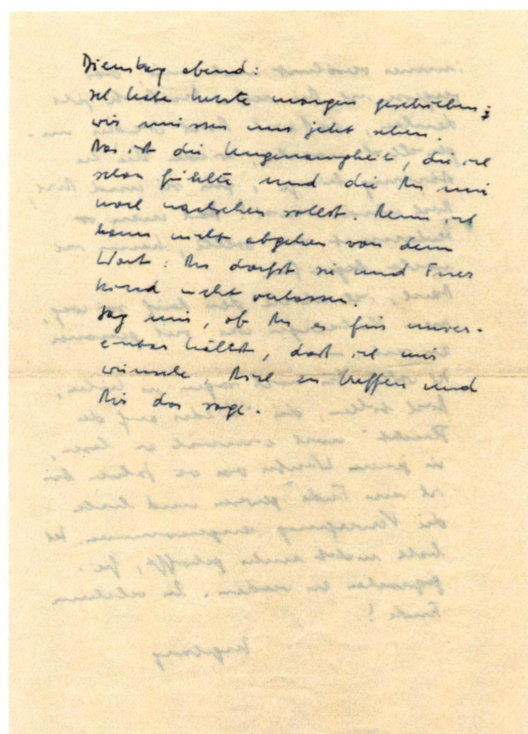

Dienstag abend:

Ich habe heute morgen geschrieben: wir müssen uns jetzt sehen.

Das ist die Ungenauigkeit, die ich schon fühlte und die Du mir noch nachsehen sollst. Denn ich kann nicht abgehen von dem Wort: Du darfst sie und Euer Kind nicht verlassen.

Sag mir, ob Du es für unvereinbar hältst, daß ich mir wünsche, Dich zu treffen und Dir das sage.

INGEBORG BACHMANN an Paul Celan

Das Klischee sagt: Dichterseele und unglückliche Liebe, das gehört zusammen. Der Briefwechsel von Ingeborg Bachmann und Paul Celan scheint das zu bestätigen. Dabei ist Pech in der Liebe nicht den Künstlern vorbehalten – schicksalhafte Begegnungen, geheime Sehnsüchte, verbotene Liebe und Betrug kennt die Verkäuferin ebenso wie der Zahnarzt und der pubertierende Teenager.

Doch wenn sich zwei Dichtergrößen Liebesbriefe schreiben, wird eben poetischer gesehnt und gestritten als bei Normalsterblichen. Manchmal wird es auch ein wenig umständlich. Wie in diesem Brief, den Ingeborg Bachmann 1957 an Paul Celan schrieb.

Die beiden Dichterkollegen hatten sich 1948 in Wien kennengelernt. Nach einem gemeinsamen Monat ging Celan nach Paris, es war die erste in einer langen Serie von Trennungen. 1950 gab sich Bachmann einen Ruck und zog zu Celan nach Paris. Nach nur einem Monat war der Versuch bereits gescheitert. Spannungen und Konflikte entluden sich. Die Dichterin zog aus. Sie schrieb ihm: „Ich liebe Dich und ich will Dich nicht lieben, es ist zuviel und zu schwer." Die beiden Liebenden schrieben sich weiterhin. Es war eine Beziehung, die nie richtig begonnen hatte und nie richtig endete. 1951 versuchte Ingeborg Bachmann erneut, Celan für eine gemeinsame Zukunft zu gewinnen. Der scheute die Entscheidung und ließ sie abblitzen. Kurze Zeit später lernte Celan die Künstlerin Gisèle Lestrange kennen. Vielleicht war sie für ihn die Chance, der konfliktbeladenen Beziehung zu Bachmann zu entkommen. Celan und Lestrange heirateten 1952.

Hier hätte die Geschichte von Bachmann und Celan zu Ende sein können. Doch das Leben ist nicht immer eine logische Angelegenheit. Fünf Jahre später entflammte die Liebe zwischen den beiden Literaten erneut. Der Auslöser war ein Zusammentreffen bei einer Literaturtagung im romantischen Wuppertal. Eine Liebesnacht folgte – und viele neue Liebesbriefe. Die Triebfeder war diesmal jedoch nicht Bachmann, sondern der verheiratete Celan. Celans Familiensituation stand unüberwindbar zwischen dem Paar. Zwar offenbarte sich Celan seiner Frau, die sich gegenüber ihrer Nebenbuhlerin erstaunlich verständnisvoll zeigte. Aber es war klar, dass er seine Familie nicht für Bachmann verlassen würde. Sie fuhr 1958 zu einem letzten klärenden Gespräch nach Paris. Als sie erkannte, dass es eine gemeinsame Zukunft nicht geben würde, verlor Bachmann keine Zeit. Bereits am nächsten Tag ging sie eine Beziehung mit Max Frisch ein, den sie während ihres Parisbesuchs bei Celan kennengelernt hatte. Völlig von Celan lösen konnte sie sich nie.

Erst seit 2008 hat die Öffentlichkeit Einblick in den Briefwechsel von Bachmann und Celan. Bis dahin durften die Briefe nicht zugänglich gemacht werden. Für die Literaturwissenschaft war die Veröffentlichung der Briefe eine Sensation. Dabei geht es hier nicht in erster Linie um Literatur. Zwar sind es zwei große Lyriker und Intellektuelle, die hier ihre intimen Gedanken austauschten, als sie in einer scheinbar unlösbaren Situation gefangen waren. Wer aber Bachmanns und Celans Briefe nur unter ästhetischen Gesichtspunkten lesen will, versteht sie falsch. Hier schrieben sich zwei, die nicht miteinander und nicht ohneeinander sein konnten. Das ist seit jeher eine der großen menschlichen Tragödien – und passiert eben nicht nur Dichtern, sondern auch Verkäuferinnen, Zahnärzten und Teenagern.

INGEBORG BACHMANN an Paul Celan

INGEBORG BACHMANN wurde am 25. Juni 1926 in Klagenfurt geboren. Sie fing bereits in jungen Jahren an, Musik zu komponieren, und strebte zunächst eine Musikerlaufbahn an. Nach dem Abitur studierte sie Philosophie in Graz, Innsbruck und Wien und stellte 1950 ihre Dissertation zu Martin Heidegger fertig. Anschließend ging sie für ein halbes Jahr nach Paris und London. Nach ihrer Rückkehr war sie als Feuilleton-Redakteurin bei einem Wiener Radiosender tätig. 1953 zog Ingeborg Bachmann nach Rom und arbeitete von dort aus für das Radio. Im selben Jahr erhielt sie für ihren ersten Gedichtband „Die gestundete Zeit" den Preis der Gruppe 47. Auch ihre folgenden Gedichtsammlungen und Hörspiele erhielten positive Kritiken. Ab 1958 konzentrierte sich Bachmann schließlich auf den Schriftstellerberuf. Sie zog nach München, dann nach Zürich. 1959/60 lehrte sie ein Semester lang Poetik an der Universität Frankfurt, privat lebte sie mit Max Frisch in Rom. Als 1962 die Beziehung zerbrach, verarbeitete Frisch dies in seinem 1964 veröffentlichten Eifersuchtsroman „Mein Name sei Gantenbein". Das „Erzweib Lila" trägt die Züge der Geliebten. Ingeborg Bachmann war darüber gekränkt.

Mehr noch, die psychischen Folgen der Beziehung und ihres Scheiterns waren für Bachmann dramatisch. Sie zog sich nach Berlin zurück und erstickte ihre Probleme zunehmend mit Tranquilizern und Alkohol. Mehrere Krankenhausaufenthalte folgten.

1964 erhielt Bachmann den Georg-Büchner-Preis, die bedeutendste Auszeichnung für deutschsprachige Literatur. Paul Celan hatte ihn vier Jahre zuvor erhalten, Max Frisch 1958. Die Abstände zwischen ihren Veröffentlichungen wurden jedoch immer größer. 1972 erschien „Simultan", ein letzter Band mit Erzählungen. Am 17. Oktober 1973 starb Ingeborg Bachmann an den Folgen schwerer Brandverletzungen. Sie war vermutlich beim Rauchen eingeschlafen. Heute geht man davon aus, dass starke Beruhigungsmittel die Ursache für den Unfall waren. Die Bedeutung der Schriftstellerin wird seit 1977 mit der jährlichen Verleihung des renommierten Ingeborg-Bachmann-Preises in ihrer Geburtsstadt Klagenfurt gewürdigt.

PAUL CELAN wurde am 23. November 1920 in Czernowitz als Paul Antschel geboren. Damals lag der Ort in Rumänien, heute gehört er zur Ukraine. Er entstammte einer orthodox-jüdischen, deutschsprachigen Familie. Bereits als Schüler verfasste Celan erste Gedichte. 1938 legte Celan das Abitur ab und begann anschließend ein Medizinstudium im französischen Tours. Er brach das Studium nach nur einem Jahr ab und ging zurück in seine Heimatstadt, um dort Romanistik zu studieren. Nach dem Einmarsch russischer Truppen arbeitete Celan 1940 als Dolmetscher. Ein Jahr später besetzten deutsche und rumänische Truppen die Region Bukowina. Celans Eltern wurden deportiert, sein Vater starb 1942 in einem Konzentrationslager, seine Mutter wurde 1943 ermordet. Paul Celan wurde zum Arbeitsdienst verpflichtet und konnte sein Studium erst 1944 in Czernowitz, das im April dieses Jahres erneut von der Roten Armee erobert wurde, fortsetzen. Celan ging 1945 nach Bukarest und arbeitete dort als Übersetzer. 1948 wanderte er nach Paris aus. Dort studierte er Germanistik und Sprachwissenschaft und machte 1950 seinen Abschluss. Er arbeitete als Lektor für deutsche Literatur und weiterhin als Übersetzer. Bereits in den 40er Jahren hatte Celan erste Gedichte veröffentlicht und Gedichte anderer Autoren übersetzt.

Der Durchbruch gelang ihm 1952 mit seinem Band „Mohn und Gedächtnis". Darin ist auch das Gedicht „Todesfuge" enthalten, das sich mit dem Holocaust befasst und den berühmten Vers „der Tod ist ein Meister aus Deutschland" enthält. Celans Lyrik wurde in den 60er Jahren immer radikaler und abstrakter. Die Werke dieser Jahre sind für viele Kritiker seine besten. 1960 wurde Celan durch die „Goll-Affäre" schwer getroffen. Die Witwe des befreundeten Dichters Yvan Goll, dessen Werke Celan übersetzt hatte, machte ihm schwere Plagiatsvorwürfe, die sich später als haltlos herausstellten. Celan verkraftete die Auseinandersetzung nicht. Er glitt immer mehr in eine psychische Erkrankung ab. Nachdem er 1965 im Wahn versucht hatte, seine Frau Gisèle Lestrange mit einem Messer zu töten, wurde er in die Psychiatrie eingewiesen. Zurück aus dem Spital, blieb die Ehe schwierig. 1967 beschloss das Paar, getrennt zu wohnen. Vermutlich am 20. April 1970 nahm sich Paul Celan das Leben. Seine Leiche wurde erst zehn Tage später, am 1. Mai, aus der Seine geborgen.

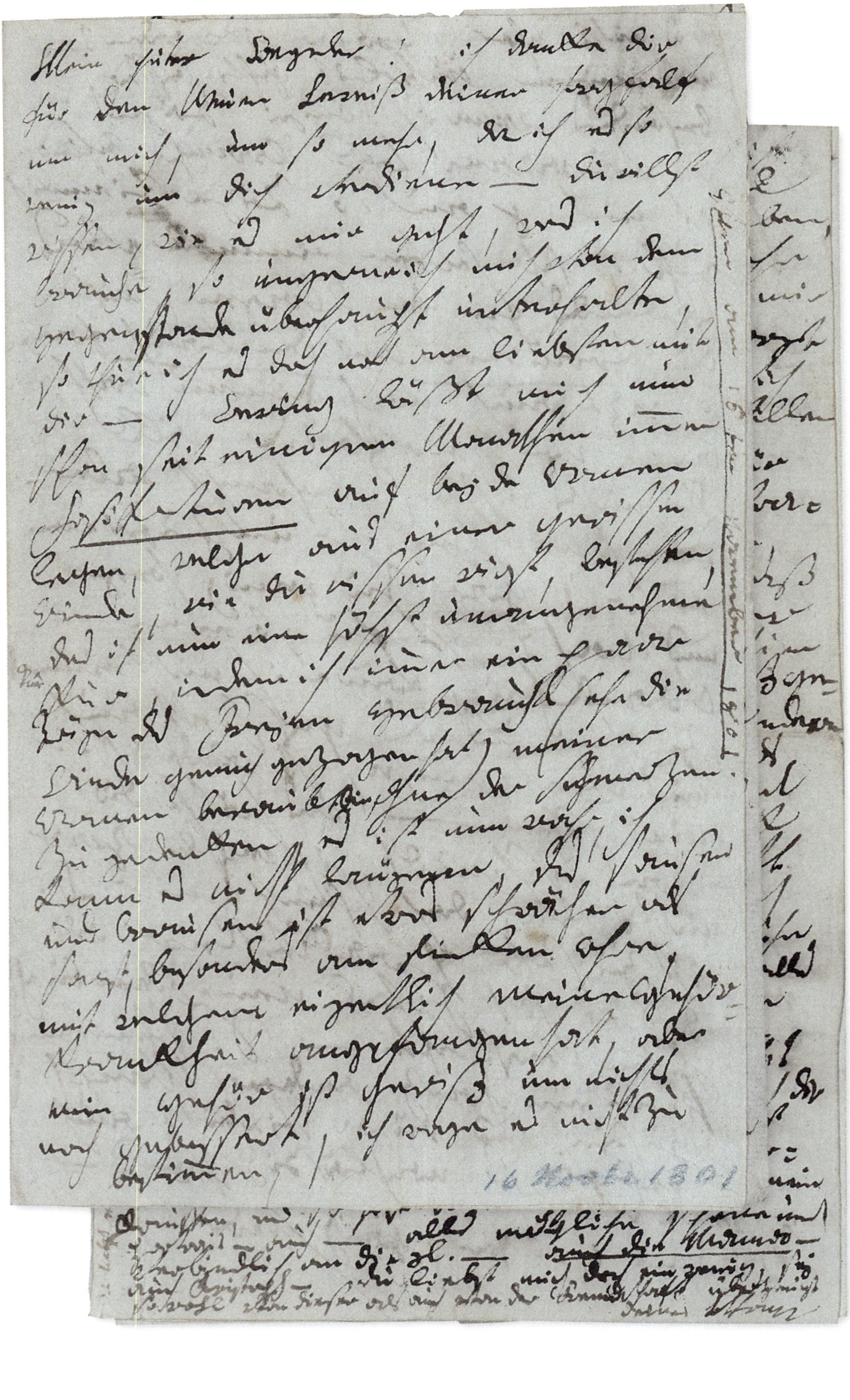
16 Novbr 1801

LUDWIG VAN BEETHOVEN an Franz Gerhard Wegeler

Vienam den 16ten Nowember 1801.

Mein guter Wegeler! ich danke dir für den Neuen Beweiß deiner sorgfalt um mich, um so mehr, da ich es so wenig um dich verdiene – du willst wissen, wie es mir geht, was ich brauche, so ungerne ich mich von dem Gegenstande überhaupt unterhalte, so thue ich es doch noch am liebsten mit dir – Wering läßt mich nun schon seit einigen Monathen immer Fisikaturen auf beyde Armen legen, welche aus einer gewissen Rinde, wie du wissen wirst, bestehten, das ist nun eine höchst unangenehme Kur, indem ich immer ein paar Täge des Freyen Gebrauchs (ehe die Rinde genug gezogen hat) meiner Armen beraubt bin, ohne der Schmerzen zu gedenken, es ist nun wahr, ich kann es nicht laügnen, das sausen und brausen ist etwas schwächer als sonst, besonders am linken Ohre, mit welchem eigentlich meine Gehörkrankheit angefangen hat, aber mein Gehör ist gewiß um nichts noch gebessert, ich wage es nicht zu bestimmen, ob es nicht eher schwächer geworden? – mit meinem Unterleib gehts besser, besonders wenn ich einige Täge das lauwarme Bad brauche, befinde ich mich 8 auch 10 Täge ziemlich wohl, sehr selten einmal etwas stärkendes für den Magen, mit den Kraütern auf den Bauch fange ich jezt auch nach deinem Rath an; – von Sturzbäder will W. nichts wissen, überhaupt aber bin ich mit ihm sehr unzufrieden, er hat gar zu wenig Sorge und Nachsicht für so eine Kranckheit, komme ich nicht einmal zu ihm und das geschiet auch mit viel mühe, so würde ich ihn nie sehen – was hältst du von Schmidt, ich wechsle zwar nicht gern, doch scheint mir W. ist zu sehr Praktiker, als daß er sich viel neue Ideen durchs Lesen verschafte – S. scheint mir hierin ein ganz anderer Mensch zu seyn und würde vieleicht auch nicht gar so nachläßig seyn? – man spricht Wunder vom Galwanism was sagst du dazu? – ein Medeziner sagte mir er habe ein Taubstummes Kind sehen sein Gehör wieder erlangen in Berlin, und einen Mann der ebenfalls sieben Jahr taub gewesen, und sein Gehör wieder erlangt habe – ich höre eben dein Schmidt macht hiermit Versuche – etwas angenehmer lebe ich jezt wieder, indem ich mich mehr unter Menschen gemacht, du kannst es kaum glauben, wie öde, wie traurig ich mein Leben seit 2 Jahren zugebracht, wie ein Gespenst ist mir mein schwaches Gehör überall erschienen, und ich flohe – die Menschen, mußte Misantrop scheinen, und bins doch so wenig, diese Veränderung hat ein liebes zauberisches Mädchen hervorgebracht, die mich liebt, und die ich liebe, es sind seit 2 Jahren wieder einige seelige Augenblicke, und es ist das erstemal, daß ich fühle, daß – heirathen glücklich machen könnte, leider ist sie nicht von meinem stande – und jetzt – könnte ich nun freylich nicht heirathen – ich muß mich nun noch wacker herumtummeln, wäre mein Gehör nicht, ich wäre nun schon lang die halbe Welt durchgereißt, und das muß ich – für mich gibts kein großeres Vergnügen als meine Kunst zu treiben und zu zeigen – glaub nicht daß ich bey euch glücklich seyn würde, was sollte mich auch glücklicher machen, selbst eure sorgfalt würde mir wehe thun, ich würde jeden Augenblick das Mitleiden auf euren Gesichtern lesen, und würde mich nur noch unglücklicher finden – jene schöne vaterländische Gegenden, was war mir in ihnen beschieden, nichts als die hoffnung in einen beßern Zustand, er wäre mir nun geworden – ohne dieses übel, o die Welt wollte ich umspannen von diesem Frey, meine Jugend – ja ich fühle es, sie fängt erst jezt an, war ich nicht immer ein siecher Mensch, meine körperliche Kraft – nimmt seit einiger Zeit mehr als jemals zu, und so meine Geisteskräfte, jeden tag gelange ich mehr zu dem Ziel, was ich fühle, aber nicht beschreiben kann, nur hierin kann dein B. leben, nichts von ruhe – ich weiß von keiner andern als dem schlaf, und wehe genug thut mirs, daß ich ihm jezt mehr schenken muß als sonst, nur halbe befreyung von meinem übel, und dann – als vollendeter, reifer Mann komme ich zu euch erneure die alten Freundschaftgefühle, so glücklich als es mir hinieden beschieden ist, sollt ihr mich sehen, nicht unglücklich – nein das könnte ich nicht ertragen – ich will dem Schicksaal in den rachen greifen, ganz niederbeugen soll es mich gewiß nicht – o es ist so schön das Leben tausendmal leben – für ein stilles – Leben, nein ich fühl's, ich bin nicht mehr dafür gemacht – du schreibst mir doch so bald als möglich – sorgst, daß der Steffen sich bestimmt, sich irgendwo im Deutschen Orden anstellen zu laßen, das Leben hier ist für seine Gesundheit mit zu viel strapazzen verbunden, noch obendrein, fürht er so ein isolirtes Leben, daß ich gar nicht sehe, wie er so weiterkommen will, du weißt wie das hier ist, ich will nicht einmal sagen, daß gesellschaft seine Abspannung vermindern würde, man kann ihn auch nirgends hinzugehen überreden, ich habe einmal bey mir vor einiger Zeit Musik gehabt, wo ausgesuchte Gesellschaft war, unser Freund – St. – blieb doch aus – empfele ihm doch mehr Ruhe und gelassenheit, ich habe schon auch alles angewendet, ohne das kann er nie weder glücklich noch gesund seyn – schreib mir nun im nächsten Briefe, ob's nichts macht, wenns recht viel ist, was ich dir von meiner Musik schicke, du kannst zwar das was du nicht brauchst wieder verkaufen, und so hast du dein Postgeld – mein Portrait – auch – alles mögliche Schöne und Verbindliche an die L. – auch die Mama – auch Kristoph – Du liebst mich doch ein wenig, sey sowohl von dieser als auch von der Freundschaft überzeugt

Deines Bthwn

Beethovens Jugendfreund **FRANZ GERHARD WEGELER** wurde am 2. August 1765 in Bonn geboren. Er studierte dort Medizin und ging danach mit einem Stipendium an die Universität Wien, um sich weiterzubilden. 1789 kehrte er nach Bonn zurück, machte seinen Doktor und arbeitete sich schnell vom Professor zum Rektor der Universität Bonn hoch. Nach der Invasion französischer Truppen

Manche Stücke aus der klassischen Musik scheinen für die geschulten Ohren einiger weniger Experten geschrieben zu sein. Andere Stücke sind selbst für Laien sofort verständlich. Beethovens „Für Elise" beispielsweise oder Mozarts „Kleine Nachtmusik". Und dann gibt es Stücke, die beide zufriedenstellen. Der Musikwissenschaftler findet darin genügend elaboriert Tiefgründiges, der Laie eine eingängige Melodie. Beethovens „Mondscheinsonate" gehört zu dieser dritten und sehr seltenen Kategorie. Bei ihr beginnen die Gedanken eines jeden Hörers zu fliegen.

Ihren populären Namen erhielt die „Mondscheinsonate" erst einige Jahre nach dem Tode Beethovens. Der Komponist selbst gab seinem Opus den Beinamen „Sonata quasi una Fantasia" (zu Deutsch: „fast eine Fantasie").

Dass die Gedanken der Hörer so fliegen, liegt daran, dass sich der Komponist Ludwig van Beethoven beim Komponieren der Sonate in „ein liebes zauberisches Mädchen" verliebt hat. Ihr, seiner Klavierschülerin, hat er auch seine fantastische Sonate gewidmet. Wer dieses Mädchen war? Giulietta Guicciardi. Geboren wurde sie am 23. November 1784 in Przemyśl, heute Polen. Als Ludwig van Beethoven seinem Jugendfreund, dem Arzt Franz Gerhard Wegeler, per Brief erst seine körperlichen Qualen und dann seine Liebe zu seiner Klavierschülerin eingestand, war sie noch nicht einmal 17 Jahre alt. Giulietta Guicciardi war jung, klug und schön. Das machte sie zum Mittelpunkt der Wiener Gesellschaft. Auch Beethoven war in Wien etabliert. Der Altersunterschied, Beethoven war bereits über 30, wäre in der

Dessiné par G. Stainhauser de Treuberg. Gravé par Joh. Neidl.

Louis van Beethoven

a Vienne chez Jean Cappi.

im Jahr 1794 floh er nach Wien, wo Beethoven seit zwei Jahren lebte. 1796 kehrte Wegeler nach Bonn zurück, blieb mit Beethoven aber in brieflichem Kontakt. Nach Beethovens Tod machte sich Wegeler einen Namen als dessen Biograf. Gemeinsam mit Ferdinand Ries gab er 1838 das Buch „Biographische Notizen über Ludwig van Beethoven" heraus. Franz Gerhard Wegeler starb am 7. Mai 1848 in Koblenz an den Folgen einer Infektion.

LUDWIG VAN BEETHOVEN wurde am 17. Dezember 1770 in Bonn getauft, sein Geburtsdatum ist nicht dokumentiert. Der Vater, selbst Musiker, wollte aus dem jungen Ludwig ein Wunderkind nach dem Vorbild Mozarts machen. Der Sohn erhielt Unterricht in Violine, Klavier und Orgel und hatte unter seinem strengen und gewalttätigen Vater sehr zu leiden. Doch besaß Ludwig van Beethoven enormes Talent. Der Musikunterricht durch den Vater reichte bald nicht mehr aus, um Ludwig zu fördern. Seine Ausbildung übernahm der einflussreiche Musiker Christian Gottlob Neefe.

Mit 14 Jahren erhielt Beethoven eine Stelle als Hoforganist und spielte in der Bonner Hofkapelle. 1787 machte er sich auf den Weg nach Wien, wohl mit dem Ziel, Unterricht bei Mozart zu erhalten. Dazu kam es jedoch nicht, Beethoven kehrte nach Bonn zurück. 1794 verließ Beethoven abermals Bonn in Richtung Wien und wurde dort Schüler von Joseph Haydn. Beethoven erreichte schnell großes Ansehen in der Wiener Gesellschaft. Dass er sich in den folgenden Jahren als Konzertmusiker zunehmend zurückzog und sich auf das Komponieren konzentrierte, war aus der Not geboren: Schon als Jugendlicher hatte er schmerzhafte Unterleibskrämpfe als Folge eines Leber- und Darmleidens. Außerdem litt Beethoven an einer Otosklerose, einer Erkrankung des Knochens im Innenohr, die zum Gehörverlust führt. Heute kann Patienten oft durch eine Prothese geholfen werden, zu Beethovens Zeit war die Medizin machtlos. Schon vor 1800 verschlechterte sich Beethovens Gehör, 1819 war er stocktaub. Trotzdem schuf er einige der schönsten Stücke der Musikgeschichte.

Als Beethoven am 26. März 1827 starb, war er der größte Komponist des 19. Jahrhunderts und trotz seiner Popularität ein unglücklicher und einsamer Mann. Am Tag seiner Beerdigung blieben die Schulen in Wien geschlossen. 20 000 Menschen gaben ihm das letzte Geleit. Heutige Musiktherapeuten wissen, dass Beethovens Klaviersonaten Depressionen lindern können. Beethoven selbst war selten glücklich. So zeigt ihn das bekannteste Porträtbild des Malers Joseph Karl Stieler aus dem Jahr 1820 als düsteren Mann mit zornigem Blick und wilder Frisur. Beethoven wurde zur Ikone und ist es bis heute geblieben.

damaligen Zeit kein unüberwindbares Ehehindernis gewesen.

Etwas anderes aber schon: Giulietta Guicciardi war adelig, eine Contessa. Ludwig van Beethoven war bürgerlich, das „van" im Namen ist lediglich eine niederdeutsche Ortsbezeichnung. Die Heirat, von der Beethoven träumte, wäre so in der Ständegesellschaft mehr als schwierig gewesen. Ein Ding der Unmöglichkeit. Vielleicht rührt daher das hochdramatische Finale der „Mondscheinsonate". Jedenfalls: Selbst wenn Ludwig van Beethoven trotzig „dem Schicksaal in den rachen greifen" und um seine Liebe kämpfen wollte, aus einer Ehe mit Giulietta Guicciardi wurde nichts. Die Angebetete heiratete standesgemäß am 4. November 1803 den Grafen Robert von Gallenberg und zog mit ihm für einige Jahre nach Neapel. Am 22. März 1856 starb sie in Wien.

Generell tat sich Ludwig van Beethoven mit der Liebe schwer. Sicher: Es gab Frauen in seinem Leben, vor und nach Giulietta Guicciardi. Zum Beispiel Gräfin Marie Erdödy oder Gräfin Josephine Brunsvik, die Sängerin Elisabeth Röckel (für die er am 27. April 1810 sein berühmtes Albumblatt „Für Elise" komponierte), die Kaufmannstochter und Musikerin Therese Malfatti – und Antonie Brentano, an die Beethoven wohl am 6. und 7. Juli 1812 in Teplitz seinen Brief an die „Unsterbliche Geliebte" adressierte. Darin heißt es, „die Liebe fordert alles und gantz mit recht, so ist es mir mit dir, dir mit mir".

Nicht jede Beziehung wollte Ludwig van Beethoven auf einer platonischen Ebene halten. Mehrfach sprach und schrieb er von Ehe, machte Therese Malfatti sogar einen förmlichen Antrag, den diese aber – in aller Freundschaft – ablehnte.

Ludwig van Beethoven war der größte Musiker seiner Zeit und wurde taub. Er war ein großer Liebender und blieb allein. Vielleicht ist das die noch größere Ironie des Schicksals.

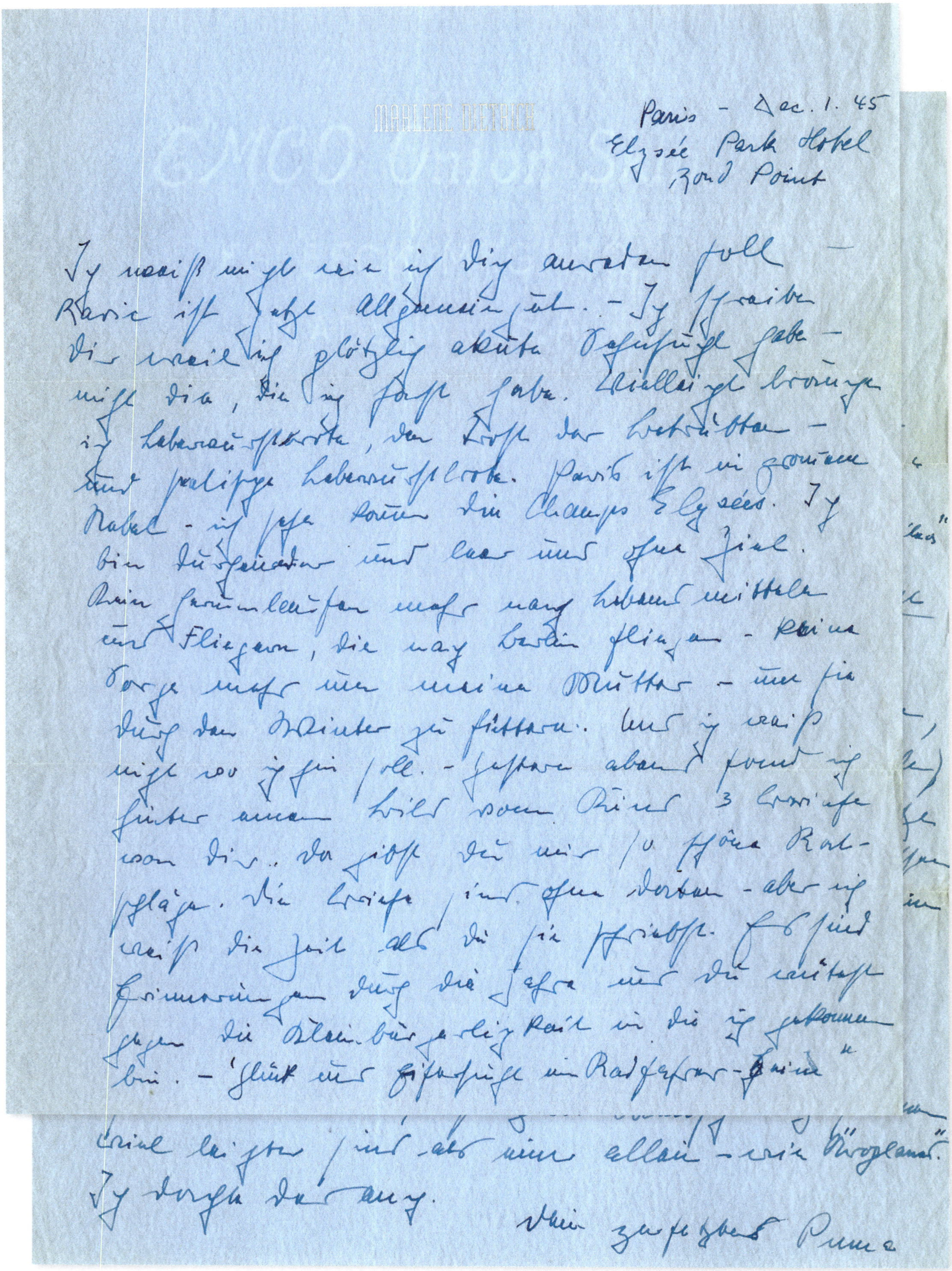
MARLENE DIETRICH

Paris – Dec. 1. 45
Elysée Park Hotel
Rond Point

Ich weiß nicht wie ich dich anreden soll –
Paris ist fast allgemein gut. – Ich schreibe
dir weil ich plötzlich akute Sehnsucht habe –
nicht die, die ich sonst habe. Vielleicht bringe
ich Lebensansprache, den Trost der Verbitterten –
und [illegible] Lebensansprache. Paris ist in grauem
Nebel – ich gehe runter die Champs Elysées. Ich
bin durchgefroren und leer und ohne Ziel.
Kein Herumlaufen mehr nach Lebensmitteln
und Fliegern, die nach Berlin fliegen – Keine
Sorge mehr um meine Mutter – um sie
durch den Winter zu füttern. Und ich weiß
nicht wo ich hin soll. – Gestern abend fand ich
hinter einem Bild von Rudi 3 Briefe
von dir. Da gibst du mir so schöne Rat-
schläge. Die Briefe sind ohne Daten – aber ich
weiß die Zeit als du sie schriebst. Es sind
Erinnerungen durch die Jahre und die [illegible]
gegen die Kleinbürgerlichkeit in die ich gekommen
bin. – 'Glück und Sehnsucht im Radfahrer-Heim'
viel leichter sind als nur allein – wie Vogelland."
Ich dachte daran auch.

Dein zerfetztes Puma

MARLENE DIETRICH an Erich Maria Remarque

Paris – Dec. 1. 45
Elysée Park Hotel
Rond Point

Ich weiß nicht wie ich Dich anreden soll – Ravic ist jetzt Allgemeingut. – Ich schreibe Dir weil ich plötzlich akute Sehnsucht habe – nicht die, die ich sonst habe. Vielleicht brauche ich Leberwurstbrote, den Trost der Betrübten – und seelische Leberwurstbrote. Paris ist in grauem Nebel – ich sehe kaum die Champs Elysées. Ich bin durcheinander und leer und ohne Ziel. Kein Herumlaufen mehr nach Lebensmitteln und Fliegern, die nach Berlin fliegen – keine Sorge mehr um meine Mutter – um sie durch den Winter zu füttern. Und ich weiß nicht wo ich hin soll. – Gestern abend fand ich hinter einem Bild vom Kind 3 Briefe von Dir. Da gibst Du mir so schöne Ratschläge. Die Briefe sind ohne Datum – aber ich weiß die Zeit als Du sie schriebst. Es sind Erinnerungen durch die Jahre und Du wütest gegen die Kleinbürgerlichkeit in die ich gekommen bin. – „Glück und Eifersucht um Radfahrer-Heini" und „Misere der kleinbürgerlichen Besitzwünsche" und „es gibt Dich nur einmal" und „Du bist in einer Ruhe voll Kreuzstichhandarbeiten gelandet" und „bleibe ein Prüfstein" und „Du hast Mut, Gefährtin der Penthesilea" – ich habe keinen mehr. Ich bin nicht in der Kreuzstichhandarbeiten-Ruhe! Habe mich aufgelehnt und um mich geschlagen, (nicht immer mit den fairesten Mitteln), und habe mich frei-gehauen und sitze nun in der Freiheit allein und verlassen in einer fremden Stadt. – Und finde Deine Briefe! Und schreibe Dir ganz ohne Grund. Sei mir nicht böse. Ich habe Sehnsucht nach Alfred, der schreibt: „Ich dachte Liebe ist das Wunder, daß zwei Menschen zusammen viel leichter sind als einer allein – wie Äroplanes." Ich dachte das auch.

Dein zerfetztes Puma

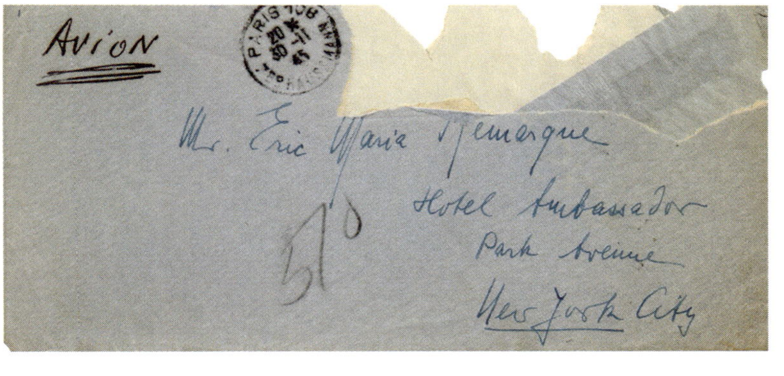

MARLENE DIETRICH an Erich Maria Remarque

Marlene Dietrich: die fesche Lola mit der verführerischen Stimme. Die zeigte, wie sexy eine Frau im Hosenanzug sein kann. Die mit dem Lied „Ich bin von Kopf bis Fuß auf Liebe eingestellt" ganze Generationen von Männern schwach werden ließ. Deren zahlreiche Affären und Beziehungen sich nicht nur auf Männer beschränkten. Diese Marlene Dietrich verdrehte auch dem Schriftsteller Erich Maria Remarque den Kopf.

Drei Jahre lang waren die beiden ein Paar. In Venedig hatten sie sich kennengelernt, kurz vor dem Ausbruch des Zweiten Weltkriegs. Eine klassische Promibeziehung – und, der Zeit geschuldet, eine klassische Exilbeziehung. Beide hatten ihr Heimatland verlassen und verlassen müssen, Marlene Dietrich, weil sie sich nicht vom Nationalsozialismus vereinnahmen lassen wollte, Remarque, weil er Dinge geschrieben hatte, die dem System zuwider waren.

Es muss eine stürmische und schwierige Beziehung gewesen sein. Das legen die rund 300 Briefe von Remarque an Dietrich nahe, die überliefert sind. Der Briefwechsel ist nahezu nur als Monolog erhalten, Remarques spätere Frau hat fast alle Schreiben der Dietrich vernichtet. Dieser Monolog ist überladen mit ausgesuchten, teils bizarren Kosenamen: Marlene war Remarques „kleiner, süßer Affe", sein „leuchtendes Gespinst", „süßes Nordlicht", die „Madonna meines Blutes". Um sie zu unterhalten, schlüpfte Remarque in unterschiedliche Rollen, wenn er schrieb – mal war er der kleine Junge Alfred mit einnehmender Naivität und unorthodoxer Rechtschreibung, mal der leidenschaftliche Liebhaber Ravic. Immer schrieb er ausladend, poetisch, flammend, ein bisschen eitel. Er gefiel sich als romantischer Liebender und intellektueller Dandy. Und manchmal gefiel er sich ganz vulgär. So bedauerte er schriftlich, dass man über das Telefon nicht „vögeln" könne. Stimmt.

Die Briefe sind unterhaltsam. Doch wer sie liest, den beschleicht irgendwann das Gefühl, dass etwas fehlt. Der Kontext der Zeit nämlich, in dem die Briefe entstanden.

Es gibt viele schöne, bekannte und berühmte deutsche Schauspielerinnen. Es gab nur eine einzige deutsche Hollywood-Diva: **MARLENE DIETRICH**. Geboren wurde sie als Marie Magdalene Dietrich am 27. Dezember 1901 in Berlin-Schöneberg. Sie selbst gab ihr Geburtsjahr mit 1904 an. Das vertuschte Alter blieb ihre einzige und verzeihliche Lebenslüge. Ansonsten sprach die Sängerin und Schauspielerin Klartext.

Marlene Dietrich absolvierte neben der Schule eine Geigenausbildung an der Berliner Musikakademie. Von 1918 bis 1921 studierte sie Musik, bis eine Sehnenentzündung sie zur Schauspielerei brachte. Sie bemühte sich vergeblich um die Aufnahme an der Schauspielschule Max Reinhardts. Also wurde sie übergangsweise Revuegirl, bis es im zweiten Anlauf an der Schauspielschule klappte. Ab 1922 spielte Marlene Dietrich in kleinen Rollen an verschiedenen Berliner Bühnen. Ihre erste Filmrolle hatte sie 1922 in „So sind die Männer". 1923 heiratete sie den Produktionsassistenten Rudolf Sieber, im Dezember 1924 kam ihre Tochter Maria zur Welt. Die Ehe wurde nie geschieden, aber ab Mitte der 30er Jahre gingen die beiden getrennte Wege.

Auch Marlene Dietrichs Babypause war kurz, bereits 1926 drehte sie wieder. 1929 sah Josef von Sternberg sie in einer Revue und engagierte sie für seinen Film „Der blaue Engel" nach Heinrich Manns Roman „Professor Unrat". Die Rolle der ebenso verführerischen wie kaltherzigen Lola und die Interpretation des Liedes „Ich bin von Kopf bis Fuß auf Liebe eingestellt" machten sie schlagartig berühmt. Nach dem Erfolg des Films folgte sie Josef von Sternberg 1930 nach Hollywood, wo dieser in mehreren Filmen eifrig am „Mythos Marlene" strickte. Die Zusammenarbeit mit Sternberg endete 1935. Dafür arbeitete sie nun mit den Regisseuren Hitchcock, Lubitsch, Welles und Wilder zusammen.

Nach der „Machtergreifung" der Nationalsozialisten mied Marlene Dietrich ihre deutsche Heimat. 1936 wollte Joseph Goebbels sie nach Deutschland zurücklocken, bot ihr hohe Gagen und eine freie Rollenwahl an. Das Angebot lehnte sie als konsequente Antifaschistin ab, vielmehr unterstützte sie Deutsche im Exil und nahm 1939 die amerikanische Staatsangehörigkeit an. Ab März 1943 trat sie bei der Truppenbetreuung auf. Dafür erhielt sie eine Auszeichnung der amerikanischen Frontkämpfervereinigung.

Mit den während des Kriegs gedrehten Filmen konnte sie an frühere Filmerfolge nicht mehr anknüpfen, galt als Kassengift – wobei sie dieses Schicksal mit anderen Ikonen wie Greta Garbo und Katherine Hepburn teilte. 1948 versuchte Marlene Dietrich ein Comeback in Billy Wilders Berlin-Komödie „A Foreign Affair". Der Film fiel aber

229
„Ross"

Der Austausch über den Alltag deutscher Emigranten. Die Auseinandersetzung über das, was in Deutschland vor und während des Zweiten Weltkriegs geschah. Die große Politik. Warum wurden diese allgegenwärtigen Themen so konsequent ausgespart? Es lag nicht daran, dass sich die beiden Liebenden dafür nicht interessierten. In ihrer Besorgnis über die Entwicklung Deutschlands und ihrem Abscheu gegen die Nazis waren sie sich einig. Und doch verloren sie im Briefwechsel anscheinend kein Wort darüber, niemals. Es scheint, als wollten sie alles Hässliche, Furchtbare aus ihrer Liebespost heraushalten. Verdenken kann man es ihnen kaum: Schließlich gibt es die große Liebe, die alles andere an den Rand drängt, auch in den düstersten Zeiten. Beide, Remarque wie Dietrich, hielten mit ihrer antifaschistischen Haltung öffentlich nie hinter dem Berg. In ihrer Beziehung bedurfte es also keiner weiteren gegenseitigen Beweise, auf der richtigen Seite zu stehen.

Die Liebe hielt das Glamourpaar nur bis 1940 zusammen. Eine Amour fou zwischen einem Dandy und einer Femme fatale bietet keine Lebensperspektive. Ihre Freundschaft, dies belegt dieser abgedruckte Brief aus dem Jahr 1945, ging weiter. Wie auch die Auseinandersetzung mit dem Nationalsozialismus beiden bis an ihr Lebensende nicht erspart blieb. 1961 hatte Marlene Dietrich ihre letzte große Rolle in dem Film „Das Urteil von Nürnberg", der von einem der Kriegsverbrecherprozesse gegen führende Juristen des Dritten Reichs handelte und sich mit der grundsätzlichen Frage der Schuld befasste. Im Film geht es dem amerikanischen Richter Dan Haywood auch darum, herauszufinden, inwieweit die deutsche Bevölkerung das Unrechtssystem durchschaut und unterstützt hatte. Was haben die Deutschen gewusst? Wer war Mitläufer, wer hat sich aktiv schuldig gemacht?

Diese Fragen waren für Marlene Dietrich bedeutsam. Ihr Verhältnis zu Deutschland war nach dem Ende des Dritten Reichs tief gespalten. Als sie 1960 auf einer Tournee nach Deutschland kam, wurde sie gefeiert und verehrt. Sie musste aber auch die bittere Erfahrung machen, dass die Entnazifizierung der deutschen Bevölkerung nicht überall durchgeschlagen hatte. Bei einem Auftritt wurde sie bespuckt und mit einem Ei beworfen – sie hatte „für den Feind gesungen" und galt deshalb nicht wenigen Nachkriegsdeutschen immer noch als Landesverräterin. Unverbesserliche gibt es bis heute: Noch 2002 wurden Proteste laut, als das Land Berlin der Dietrich postum die Ehrenbürgerwürde verlieh.

Auch Erich Maria Remarque hatte sich mit seinem 1928 erschienenen Antikriegsroman „Im Westen nichts Neues" bei den Nationalsozialisten Feinde gemacht.

sowohl in Europa wie in Amerika durch, dem Publikum waren die Botschaften des Films zu zynisch. Das filmische Comeback gelang der Dietrich erst 1957 in der Titelrolle als „Zeugin der Anklage". Auch in diesem Film führte Billy Wilder die Regie. In den 50er Jahren machte sie eine zweite Karriere als Diseuse, ihre Gastspielreisen führten um die ganze Welt und brachten sie im Mai 1960 erstmals nach dem Krieg auch nach Deutschland.

Bis ins hohe Alter blieb die Dietrich eine Schönheit. Und auf der Bühne präsent. Erst im Jahr 1975 beendete ein Oberschenkelhalsbruch, den sie sich bei einem Auftritt in Sydney zuzog, ihre Bühnenkarriere. 1978 sah man sie noch einmal in einer kurzen Rolle als Baroness von Semering in David Hemmings' Film „Schöner Gigolo, armer Gigolo" – einem an Erich Kästners Großstadtroman „Fabian" angelehnten Gesellschaftspanorama der Weimarer Zeit. An ihrer Seite: David Bowie, Kim Novak, Maria Schell, Sydne Rome.

Nach einem weiteren Beinbruch im Januar 1979 zog sich Marlene Dietrich fast völlig aus der Öffentlichkeit zurück und verschanzte sich in ihrer Pariser Wohnung. Nur noch wenigen gelang es, diese selbst gewählte Isolation zu durchbrechen. Maximilian Schells 1984 uraufgeführtem Dokumentarfilm „Marlene" lieh sie ihre Stimme, 1988 steuerte sie zwei Sprechbeiträge zu Udo Lindenbergs LP „Hermine" bei, dem „Spiegel" gewährte sie im Juni 1991 ein Interview. Fotografiert wollte sie nicht mehr werden. „Ich bin zu Tode fotografiert worden", sagte sie einmal. Marlene Dietrich starb am 6. Mai 1992 in Paris. Ihrem Wunsch entsprechend wurde sie nahe ihrer Mutter auf dem Friedhof in Berlin-Friedenau beigesetzt.

ERICH MARIA REMARQUE wurde als Erich Paul Remark am 22. Juni 1898 in Osnabrück geboren. Den zweiten Vornamen „Maria" legte er sich 1922 zu, die französische Schreibweise seines Nachnamens (die sein Großvater aufgegeben hatte) wählte er ab 1924.

Und: Ja, Remarque war Soldat im Ersten Weltkrieg. Als Schanzsoldat an der Arras- und Ypernfront zog er sich Granatsplitterverletzungen und einen Schuss in den Hals zu. Diese Kriegserlebnisse verarbeitete er in seinem 1928 als Fortsetzungsroman erschienenen Buch „Im Westen nichts Neues". Darin schildert der Ich-Erzähler Paul Bäumer seine Erlebnisse an der Front, in der Etappe, im Lazarett, im Urlaub – und wieder an der Front. Unpathetisch und realistisch berichtet er, wie er tötet, wie seine Kameraden getötet werden. Nur im letzten Kapitel spricht kein Ich-Erzähler mehr. Paul Bäumer ist tot. Der Heeresbericht beschränkt sich auf einen Satz: „Im Westen nichts Neues."

Im Mai 1933 wurden Remarques Bücher in der Berliner Universität öffentlich verbrannt. Der Autor hatte bereits seit 1932 seinen Hauptwohnsitz in der Schweiz. Damit konnte er sich vor der Verfolgung durch die Nazis retten, nicht aber davor, dass sie fortwährend Rufmord an ihm betrieben. 1939 siedelte Remarque in die USA über und erwarb 1947 die amerikanische Staatsangehörigkeit.

Auch seine späteren Bücher verkauften sich gut, aber an den großen Erfolg seines Erstlings konnte Remarque nicht mehr anknüpfen. Remarque war ein Mann der Frauen. Mit der Tänzerin Jutta Ilse Zambona war er gleich zweimal verheiratet, von 1925 bis 1930 und von 1938 bis 1957. Zwischenzeitlich hatte er zahlreiche Affären, nicht nur mit Marlene Dietrich, sondern unter anderem auch mit Greta Garbo. 1958 heiratete er ein drittes Mal. Seine Frau Paulette Goddard war die Ex-Frau Charlie Chaplins. Mit ihr lebte er bis zu seinem Tod am 25. September 1970 in seiner Wahlheimat Tessin zusammen.

Durch das Buch wurde Remarque reich und berühmt. Über den Autor verbreiteten die Nazis Gerüchte, er habe am Ersten Weltkrieg entgegen seiner Aussage gar nicht teilgenommen. Sie behaupteten außerdem, er sei Jude und heiße eigentlich Kramer – so liest sich sein Geburtsname Remark von rechts nach links. Wie der Zorn der Rechten gegen Marlene Dietrich so hält sich auch dieses Gerücht bis heute hartnäckig. Das Echo des Nationalsozialismus hallt nach – mehr als 60 Jahre nach seinem Untergang. Das ist ein Grund, warum es einen Schlussstrich unter diese Zeit nie geben kann.

Eingang: 16. MRZ. 2010
Erledigt:

Christine Müller

Chemnitz, 13.03.2010

Robert-Enke-Stiftung

Frau Teresa Enke

Sehr geehrte Frau Enke,

am 02.03.2010 ereilte mich das gleiche Schicksal, wie auch Sie im vergangenen Jahr das schmerzlich erfahren mussten. Ich möchte Ihnen auf diesem Weg noch mein herzliches Mitgefühl aussprechen.

Mein Mann Gerd (65) nahm sich zwischen 19 und 20 Uhr auf unserem Bauerngut das Leben, hat sich in unserer Scheune am Ladewagen aufgehangen.

Stellen Sie sich vor, einfach von der Couch aufgestanden und nicht wiedergekommen. Gegangen, ohne noch ein Wort zu sagen.
Seit Jahren schon ist mein Mann schwerst depressiv, wollte sich leider auch von niemanden, selbst von mir nicht, in keinster Weise helfen lassen. Außenstehenden und der Familie gegenüber war er vom Verhalten her aufgeschlossen, aber die schweren Depressionen machten ihn nun schon seit 15 Jahren so zu schaffen. Professionelle Hilfe lehnte er ab. Er versuchte wohl immer, selbst damit fertig zu werden. Welcher Mann gesteht gern Schwäche ein?

Herzlichst - in Gedanken verbunden -

Ihre Christine Müller

Christine Müller an TERESA ENKE

Sehr geehrte Frau Enke,

am 02.03.2010 ereilte mich das gleiche Schicksal, wie auch Sie im vergangenen Jahr das schmerzlich erfahren mussten. Ich möchte Ihnen auf diesem Weg noch mein herzliches Mitgefühl aussprechen.

Mein Mann Gerd (65) nahm sich zwischen 19 und 20 Uhr auf unserem Bauerngut das Leben, hat sich in unserer Scheune am Ladewagen aufgehangen.

Stellen Sie sich vor, einfach von der Couch aufgestanden und nicht wiedergekommen. Gegangen, ohne noch ein Wort zu sagen. Seit Jahren schon ist mein Mann schwerst depressiv, wollte sich leider auch von niemanden, selbst von mir nicht, in keinster Weise helfen lassen. Außenstehenden und der Familie gegenüber war er vom Verhalten her aufgeschlossen, aber die schweren Depressionen machten ihn nun schon seit 15 Jahren so zu schaffen. Professionelle Hilfe lehnte er ab. Er versuchte wohl immer, selbst damit fertig zu werden. Welcher Mann gesteht gern Schwäche ein?

Wir waren 45 Jahre verheiratet, haben zwei Kinder (Sohn 35 und Tochter 44), eine Enkelin und seit 10 Monaten eine Urenkelin Johanna. Selbst sein Sonnenschein Johanna, die ihm viel Freude bereitete, konnte ihn nicht von diesem Schritt zurückhalten.

Diese Krankheit kann man nicht packen, man steht ihr völlig außen vor. Ich kann es Ihnen jetzt so sehr nachfühlen, wenn man einen Menschen so gern hat und kann ihm nicht helfen. Wie hilflos man da ist und man nun zurückbleibt und weiter mit dem Leben, so wie es nun ist, fertig werden muß. Ich versuche einen Weg zu finden, wieder Mut zu schöpfen und weiterzuleben, das Geschehene zu verarbeiten, ihm Frieden zu gönnen.

Wie geht es Ihnen inzwischen? Wie schaffen Sie es, mit diesem Schicksalsschlag fertigzuwerden? Hilft Ihnen die Arbeit der Robert-Enke-Stiftung bei der Trauerbewältigung? Ich habe den Freitod Ihres Mannes aufmerksam, auch durch meinen kranken Mann, verfolgt. Es hat mich sehr berührt, wie tapfer Sie mit dem Geschehenen umgegangen und vor allem an die Öffentlichkeit gegangen sind und denke gerade jetzt, in dieser für mich so schweren Zeit, sehr oft an Sie und Ihr Schicksal.

Depression ist eine schlimme Krankheit, der nur schwer beizukommen ist, wo man einfach nichts machen kann, auch wenn man den Menschen täglich um sich herumhat und es leider wohl oft noch ein Tabuthema ist, bei Männern scheinbar sowieso, weil es das Eingeständnis von Schwäche ist.

Ich würde mich über eine Antwort von Ihnen sehr freuen. Vielleicht kann ich durch Unterstützung der Robert-Enke-Stiftung meinen Beitrag leisten?

Sehr geehrte Frau Enke, ich wünsche auch Ihnen weiterhin Kraft und Zuversicht.

Herzlichst – in Gedanken verbunden –
Ihre Christine Müller

Christine Müller an TERESA ENKE

„Die Liebe steht dem Tode entgegen, nur sie, nicht die Vernunft, ist stärker als er", heißt es in Thomas Manns „Der Zauberberg". Doch es gibt Fälle, in denen die Liebe sich einer anderen, zerstörerischen Gewalt beugen muss.

Am 10. November 2009 nahm sich Robert Enke, Torwart von Hannover 96 und der deutschen Fußballnationalmannschaft, das Leben. Zwei Tage später trat die Witwe den schweren Gang vor die Öffentlichkeit an und verdiente allein dafür Hochachtung. Doch was Teresa Enke dann auf der Pressekonferenz sagte, und wie sie es sagte, ließ niemanden, der es gesehen hat, ungerührt. Sie beschrieb das schwierige Leben an der Seite eines unter Depressionen leidenden Mannes, das geprägt ist von Hilflosigkeit und enttäuschten Hoffnungen: „Wir dachten, wir schaffen alles. Wir dachten, mit Liebe geht das."

Die öffentliche Preisgabe persönlichen Leids hatte in diesem Fall verschiedene Funktionen, so mag sie Teresa Enke bei der Bewältigung des Unbewältigbaren geholfen haben. Ihre offenen, authentischen Worte haben aber auch – und das zeigt nicht zuletzt der Brief von Christine Müller – vielen Menschen geholfen, die sich sonst mit ihren Problemen alleingelassen fühlen, zumal Depressionen nach wie vor tabuisiert werden.

Dabei leiden in Deutschland je nach Schätzung bis zu sechs Millionen Menschen unter dieser Form der affektiven Störung. Andrew Solomon, Journalist aus New York und selbst betroffen, beschreibt in seinem Buch „Saturns Schatten" Depressionen sehr zutreffend als „Kummer, der uns unfreiwillig befällt und sich dann verselbstständigt". Solche Beschreibungen helfen, einem andernfalls schwer verständlichen Phänomen näherzukommen. Und doch bleibt es schwer fassbar, gerade für Angehörige, die indirekt betroffen sind: „Diese Krankheit kann man nicht packen, man steht ihr völlig außen vor."

Wenn der Depressive sich dann zum Äußersten getrieben fühlt und Suizid begeht, bleiben Partner zurück, die nicht nur die Trauer zu bewältigen haben, sondern auch unweigerlich von einem Gefühl der Mitschuld befallen werden: Hätte ich etwas merken müssen? Hätte ich helfen, es verhindern können? Dazu die bohrende, nie zu beantwortende Frage nach dem Warum.

Bei einem Fußballprofi kommt in der unbeteiligten Öffentlichkeit die Frage hinzu: Warum *der?* Was treibt einen reichen, erfolgreichen Mann und Familienvater dazu, sich umzubringen? Eine Aussage von Sebastian Deisler, der um die Jahrtausendwende als größter Hoffnungsträger des deutschen Fußballs galt und der wegen Depressionen mit 27 Jahren seine Karriere beendete, zeigt, dass solche Fragen zu kurz greifen und das Wesen dieser psychischen Erkrankung missachten: „Ich war bekannt in ganz Deutschland, war ganz oben angekommen, und vor der Tür stand ein Mercedes CLK. Aber das alles hat mich nicht glücklich gemacht. Ich habe dagesessen und mich gefragt, war's das jetzt? Ich konnte nicht mehr fühlen, nicht mehr weinen und nicht mehr lachen. Ich war todunglücklich."

Zu kurz greifen auch Erklärungsansätze, die in einem persönlichen Schicksalsschlag den Grund für den Freitod von Robert Enke gefunden zu haben hoffen. Am 17. September 2006 ist Lara, die Tochter von Teresa und Robert Enke, die mit einem schweren Herzfehler zur Welt gekommen war, im Alter von zwei Jahren gestorben. Ein tragisches Erlebnis für die Eltern, eines, das nicht zu verarbeiten ist. Doch einen eindeutigen kausalen Zusammenhang kann man nicht herstellen, auch wenn es das Verständnis für Außenstehende erleichtern würde. Es ist wohl so, wie Albert Camus in „Der Mythos des Sisyphos" sagt: „Ein Selbstmord kann viele Ursachen haben. Und im Allgemeinen sind die sichtbarsten Ursachen nicht die wirksamsten gewesen."

Im Wesen der Depression – die durch prominente Fälle wie Robert Enke oder den amerikanischen Schriftsteller David Foster Wallace immerhin einen Platz in der öffentlichen Wahrnehmung findet – liegt, dass der Erkrankte sich unfreiwillig in einen Teufelskreis manövriert. Er vernachlässigt vielfach zwischenmenschliche Kontakte und begibt sich, angesichts einer verzerrten

Wahrnehmung der eigenen Person und der Umwelt, zunehmend in Isolation. Je weiter die Erkrankung jedoch fortgeschritten ist, desto mehr fehlt dem Betroffenen die Kraft, ohne fremde Hilfe gegen sein Leiden vorzugehen.

Robert Enke hat fatalerweise zuletzt niemanden mehr an sich herangelassen, er hat eine perfekte Fassade errichtet, durch die selbst die Menschen nicht mehr sehen konnten, die ihm nahestanden. Er hat, das belegt sein Abschiedsbrief, seine Frau und den behandelnden Therapeuten bewusst getäuscht, um seinen Plan, seinem Leben ein Ende zu setzen, nicht zu gefährden. Ronald Reng, der ihm freundschaftlich verbunden war, merkt in seiner Biografie über Robert Enke, die den Untertitel „Ein allzu kurzes Leben" trägt, dazu an: „Ein Torwart trainiert sein ganzes Leben lang, sich Verzweiflung, Enttäuschung oder Angst nicht anmerken zu lassen. Diese Fähigkeit, immer souverän zu wirken, half Robert Enke weiterzuleben, als die Depression ihn überfiel. Und diese Begabung wurde sein Verhängnis, als ihn die Krankheit auf den Irrweg geführt hatte, den Tod zu suchen: Er versteckte seine Absichten so gut, dass ihm keiner mehr helfen konnte."

Nicht einmal mehr seine Frau Teresa, mit der er ein halbes Jahr zuvor die zwei Monate alte Leila adoptiert hatte. Christine Müllers Aussage, ihr Mann habe Hilfe immer abgelehnt und versucht, selbst damit fertigzuwerden, rührt an einen zentralen Punkt in Bezug auf die Behandlung von Depressionen, bei der dem Umfeld des Erkrankten eine wichtige Rolle zufällt. Um diese zerstörerische Krankheit zu bekämpfen, sind Authentizität, Offenheit und Ehrlichkeit im Umgang mit den Betroffenen und der Betroffenen mit ihrer Umgebung nicht die einzige Lösung, aber eine wichtige Voraussetzung.

TERESA ENKE wurde am 18. Februar 1976 in Bad Windsheim geboren. Sie war seit 2006 mit Robert Enke verheiratet. Der hatte zu dieser Zeit nach einer wechselvollen Karriere mit den Stationen Deutschland, Portugal, Spanien und Türkei bei Hannover 96 seine sportliche Heimat gefunden. Dort wurde er zu einem Leistungsträger und bestritt im folgenden Jahr sein erstes Spiel für die deutsche Nationalmannschaft, deren Stammtorhüter er 2008 wurde. Seine Popularität beruhte jedoch insbesondere auf seiner bescheidenen, zurückhaltenden Art.

Am 31. August 2004 brachte Teresa Enke die gemeinsame Tochter Lara zur Welt. Bereits vor der Geburt wurde bei ihr ein hypoplastisches Linksherzsyndrom diagnostiziert, einer der schwersten Herzfehler. Nachdem Lara Enke die ersten Monate auf der Intensivstation verbracht hatte, durften ihre Eltern sie im Januar 2005 mit nach Hause nehmen. Trotz oder gerade wegen ihrer Krankheit erlebten Teresa und Robert Enke die Glücksmomente mit ihr umso intensiver. Nach einer vergleichsweise leichten Ohrenoperation starb Lara Enke am 17. September 2006. Ihr Vater sagte einmal über sie: „Sie war so ein tapferes, fröhliches Kind, auf jedem zweiten Foto hat sie gelacht."

Robert Enke, der seit mehreren Jahren unter Depressionen gelitten hatte, nahm sich am 10. November 2009 das Leben. Erst im Mai dieses Jahres hatten er und seine Frau die zwei Monate alte Leila adoptiert. Nach seinem Tod haben der Deutsche Fußball-Bund, der Ligaverband und Hannover 96 in Kooperation mit dem Bundesministerium für Gesundheit die Robert-Enke-Stiftung gegründet. Diese „unterstützt Projekte, Maßnahmen und Einrichtungen, die über Herzkrankheiten von Kindern sowie Depressionskrankheiten aufklären – und deren Erforschung oder Behandlung dienen". Vorstandsvorsitzende der Robert-Enke-Stiftung ist Teresa Enke, die mit dieser Tätigkeit und ihrem mutigen Auftreten in der Öffentlichkeit einen wichtigen Beitrag zur Bekämpfung von Depressionen leistet.

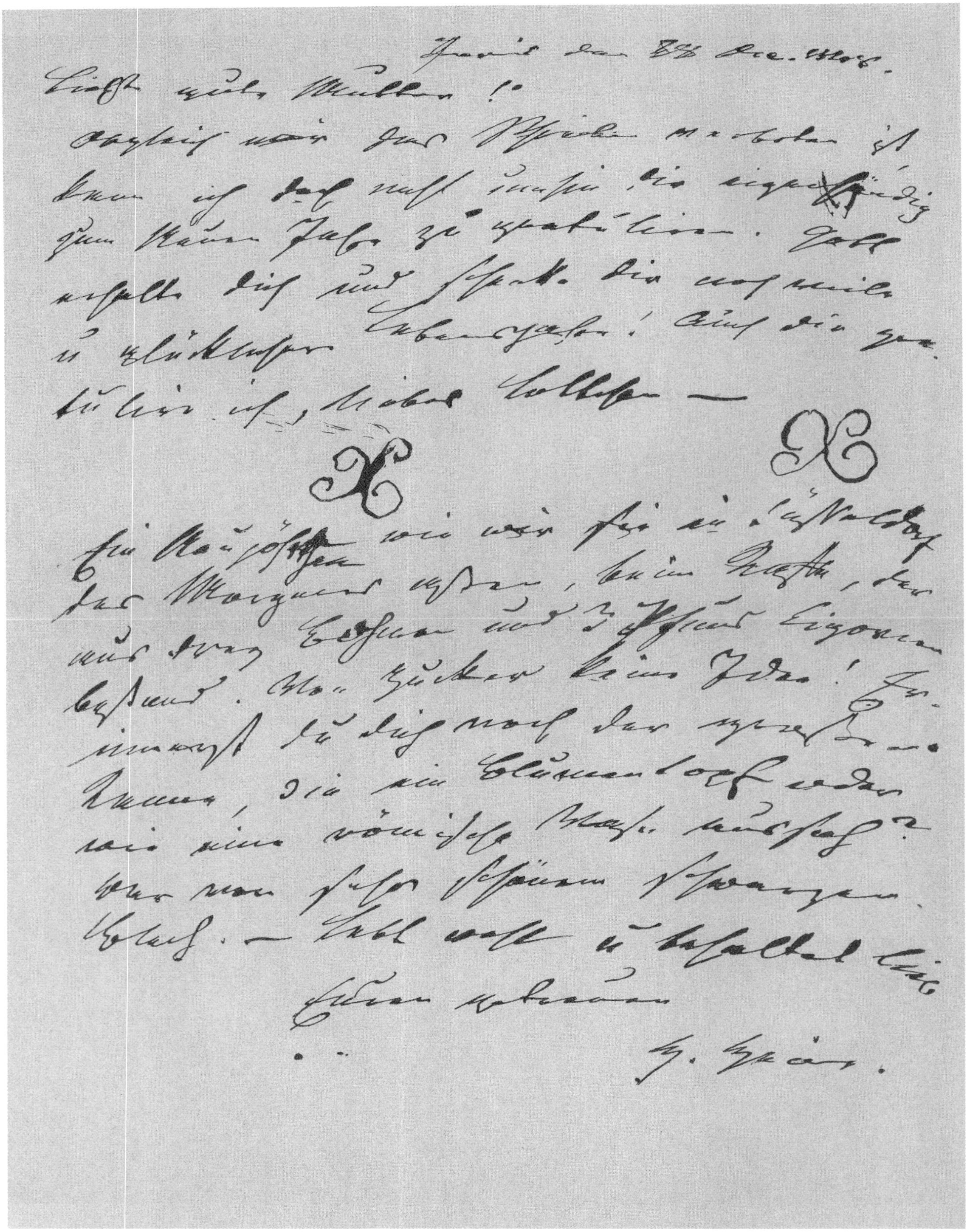

Paris den 28 Dec. 1848.

Liebste gute Mutter!

Obgleich mir das Schreiben verboten ist, kann ich doch nicht umhin, dir eigenhändig zum Neuen Jahre zu gratuliren. Gott erhalte dich und schenke dir noch viele u glücklichere Lebensjahre! Auch dir gratulire ich, liebes Lottchen –

Ein Neujöhrchen wie wir sie in Düsseldorf des Morgens aßen, beim Kaffé, der aus drey Bohnen und 3 Pfund Cigorien bestand. Von Zucker keine Idee! Erinnerst du dich noch der großen Kanne, die ein Blumentopf oder wie eine römische Vase aussah? War von sehr schönem schwarzen Blech.

– Lebt wohl u behaltet lieb

Euren getreuen

H. Heine.

BETTY HEINE wurde am 27. November 1770 als Peira von Geldern in Düsseldorf geboren und wuchs in einer gebildeten jüdischen Arztfamilie auf. Sie war eine für ihre Zeit außergewöhnlich emanzipierte junge Frau, der Zugang zu höherer Bildung blieb ihr als Mädchen jedoch verwehrt. Sie sehnte sich danach, als Frau in die bürgerliche Gesellschaft integriert zu werden, und eignete sich deshalb selbst ein hohes Maß an Bildung an. Dabei profitierte sie auch von der Ausbildung ihrer Brüder. Erst nach dem Tod des Vaters erklärte sie sich zur Ehe bereit und heiratete 1797 Samson Heine, einen Kaufmannssohn aus Hamburg. Nach der Hochzeit änderte sie neben ihrem Nachnamen auch den Vornamen. Aus der Ehe gingen vier Kinder hervor. Betty Heine bemühte sich um eine exzellente Schulbildung ihrer drei Söhne Harry (Heinrich), Gustav und Maximilian und um die musische Bildung ihrer Tochter Charlotte. Sie führte ein gastfreundliches Haus, bis die Geschäfte aufgrund der politischen Lage schlechter gingen und die Stimmung Juden gegenüber feindlicher wurde. 1817 wurde die Familie von Samson Heines Bruder in Lüneburg aufgenommen. Auch nach dem Tod ihres Ehemannes 1829 blieb sie mit ihren in Europa verstreut lebenden Kindern verbunden und führte für ihren Sohn Heinrich Heine Verhandlungen mit seinem Verleger. Am 3. September 1859 starb sie in Hamburg an Cholera.

HEINRICH HEINE an Betty Heine

Welchen Brief schrieb Heinrich Heine am 28. Dezember 1848 aus dem Pariser Exil an seine „liebste gute Mutter“ – und welchen nicht? Nicht schrieb er, dass im Verlauf des Jahres ein schweres Rückenmarksleiden mit Vehemenz zugeschlagen hatte. Er ging darüber hinweg, dass die Ärzte der Schwindsucht wenig entgegenzusetzen hatten, dass er ein Todgeweihter war. Mutterliebe heißt auch, der Mutter manche Wahrheit zu ersparen. Nur den kleinen Hinweis auf das Schreibverbot gestattete er sich und verschwieg dennoch, wer es ausgesprochen hatte. Früher hatte ihn die preußische Zensur drangsaliert, jetzt war es die Krankheit.

Offener als zur Mutter war Heinrich Heine zum Bruder Maximilian. Ihm schrieb er am 10. September 1848 einen drastischen Zustandsbericht: „Seit zweimal 24 Stunden wälze ich mich in den furchtbarsten Krämpfen, die noch in diesem Augenblick mich hindern, dir ordentlich zu antworten.“ Der Mutter gegenüber: kein Lamentieren über eine fehlende Lebensperspektive, kein Jammern darüber, die geliebte Mutter und die gegrüßte Schwester wohl nie mehr wiederzusehen.

Der Revolutionsdichter Heine verzichtete in seinem Billett aus dem Revolutionsjahr 1848 ebenso auf Politik. Kein Wort der Erinnerung, dass er nach der gescheiterten Julirevolution von 1830 ins Pariser Exil gehen musste. Kein Wort der Ernüchterung, dass nun in Deutschland erneut eine Revolution, die Märzrevolution von 1848, größtenteils gescheitert war: Zwar konnten die Revolutionäre einige bürgerliche Grundrechte sichern, aber das Ziel der Revolution, einen demokratischen deutschen Nationalstaat zu schaffen, wurde verfehlt. Doch davon kein Wort.

Was machte Heine stattdessen? Er hielt sich über die Hälfte seines Neujahrsgrußes damit auf, seine Erinnerungen an den Neujahrskaffee im Elternhaus zu schildern. Der ist eigentlich Ersatzkaffee aus Zichorien, also Muckefuck, und die Kaffeekanne war „von sehr schönem schwarzen Blech“.

Was verstand Betty Heine, was las sie aus den wenigen Zeilen und dem abrupten Schluss des Briefes? Höchstwahrscheinlich, was jede Mutter herauslesen würde: dass der Sohn Heimweh hatte. Und Lebensangst.

„Ich weiß nicht, was soll es bedeuten/Daß ich so traurig bin“: **HEINRICH HEINE**, geboren am 13. Dezember 1797 in Düsseldorf und gestorben am 17. Februar 1856 in Paris, war ein sprachliches Multitalent, das in seinem Schaffen als Dichter dem Deutschen eine zuvor unbekannte Eleganz verlieh. Als politischer Journalist und Essayist war Heine für seinen Spott gefürchtet, der auch vor Grobheiten nicht zurückschreckte. Deshalb, und auch wegen seiner jüdischen Herkunft, war im Deutschland der Restauration kein Platz für den Freidenker. Heine ging 1831 ins Pariser Exil, wo er mit Freuden in den Salons aufgenommen wurde. Zeitgleich tauchten erste Lähmungserscheinungen auf, erste Symptome der Rückenmarkserkrankung. Heine korrespondierte während seiner gesamten Pariser Zeit mit Verlegern und Freunden in Deutschland, aber auch mit seiner Familie und schrieb die innigsten Briefe an die Mutter. 1841 heiratete Heine die 18-jährige Schuhverkäuferin Augustine Crescence Mirat, die er „Mathilde“ nannte. Heine kämpfte fortwährend gegen die qualvolle Krankheit, die sich ständig verschlimmerte. Im Mai 1848 versagten seine Beine für immer.
Bis zu seinem Tod im Jahr 1856 konnte Heine seine „Matratzengruft“ nicht mehr verlassen.

Weimar I. XII. [1905]

mein lieber George

ich werde gebeten, zu einem sehr ernsthaften und über das Persönliche hinausgehenden Zwecke an Sie zu schreiben.

Die furchtbare nicht auszudenkende Gefahr eines englisch-deutschen Krieges – wenn auch im Sommer beschworen – ist näher, fortdauernd näher als die zeitungschreibenden und die meisten der politikmachenden Individuen sich ahnen lassen. Die wenigen die diesseits die Ernsthaftigkeit der Situation kennen, und die wenigen die jenseits dem drohenden Losbrechen sich entgegenstemmen wollen, haben – wissend wieviel Gewalt in solchen Epochen die imponderabilia in sich tragen – sich geeinigt offene Briefe zu wechseln, jederseits unterschrieben von 40–50 der absolut ersten Namen des Landes (mit Ausschluss von Berufspolitikern. Der englische offene Brief (unterschrieben von Lord Kelvin, George Meredith, A. Swinburne u. s. f.) wird an die Herausgeber der deutschen Journale gerichtet sein, der deutsche an die englischen. (da die Journale die eigentlichen Pulverfässer sind.)

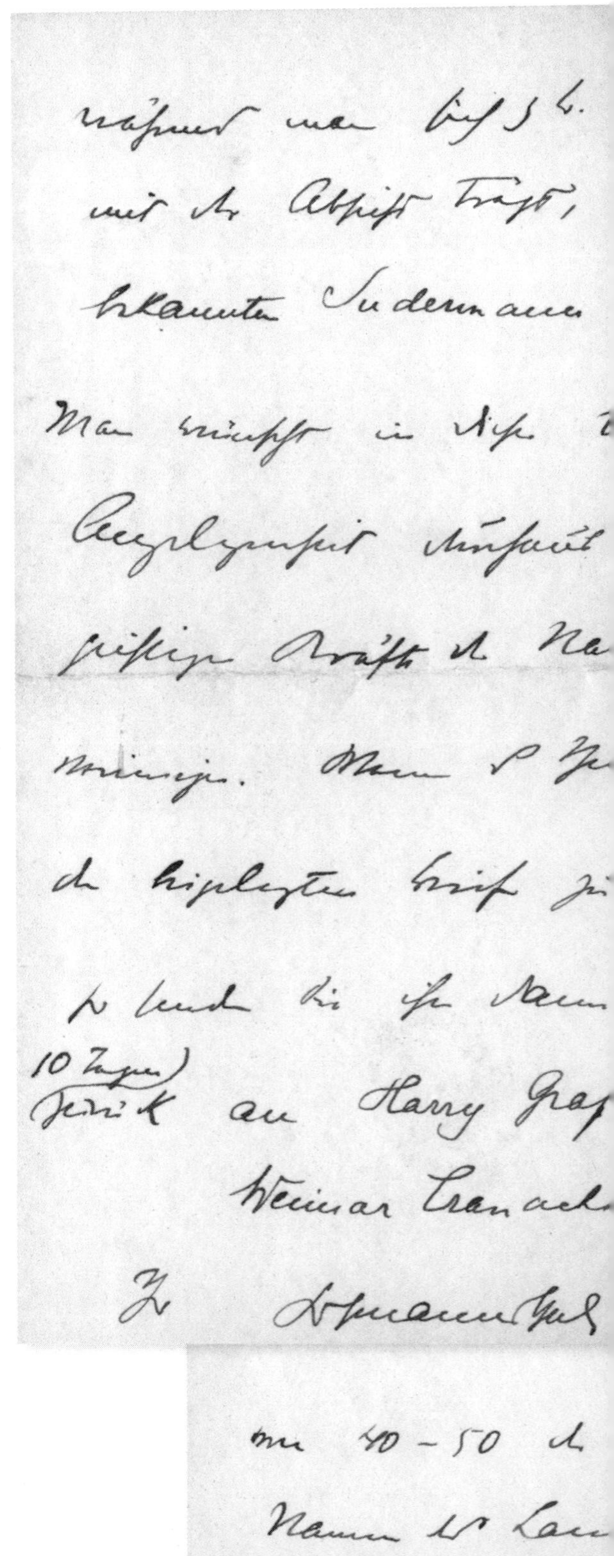

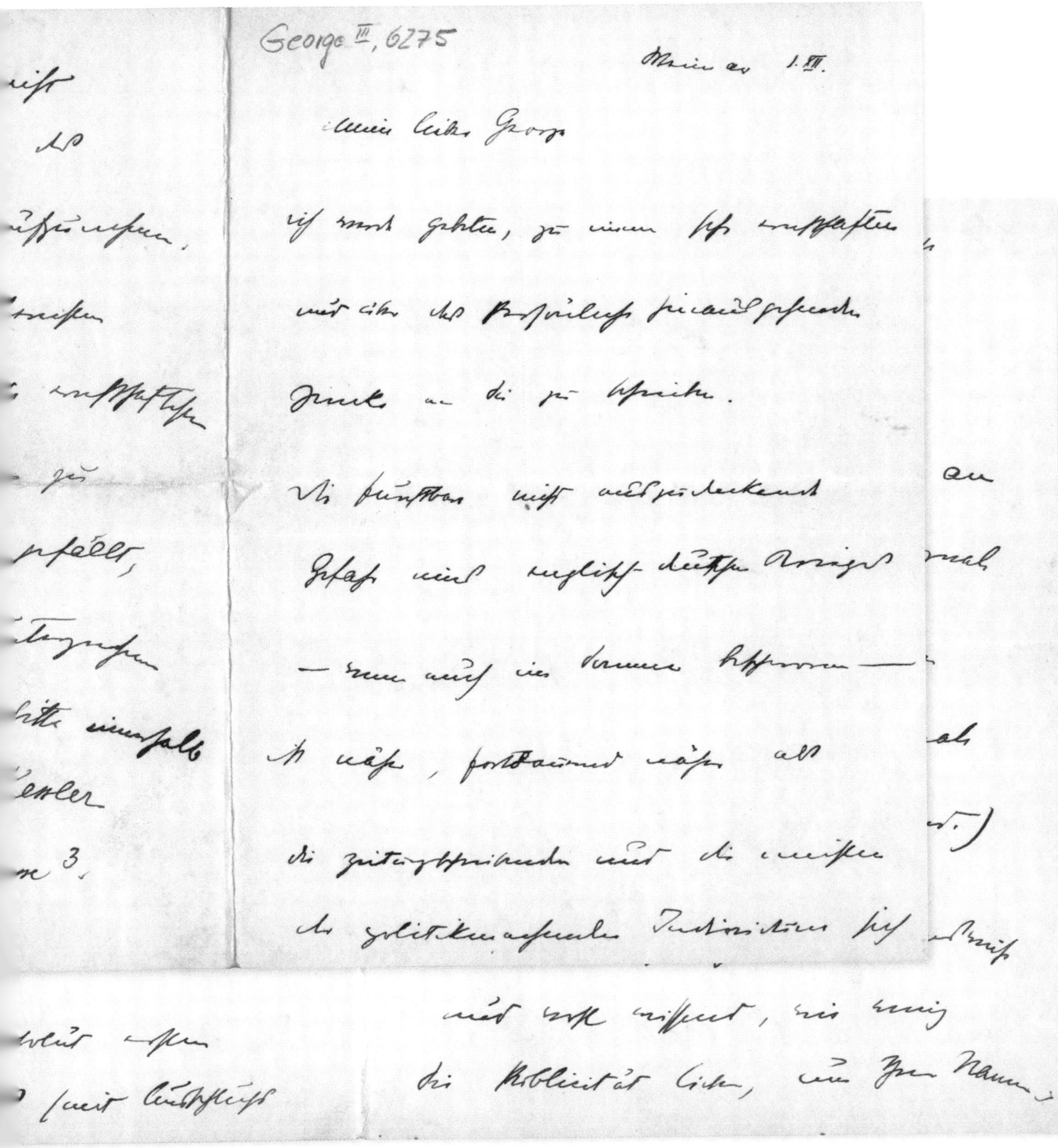
George III, 6275

Man bittet ganz ausnahmsweise und wohl wissend, wie wenig Sie Publicität lieben, um Ihren Namen, während man sich z. B. nicht mit der Absicht trägt, den des bekannten Sudermann aufzunehmen. Man wünscht in dieser tiefernsten Angelegenheit durchaus die ernsthaftesten geistigen Kräfte der Nation zu vereinigen. Wenn es Ihnen gefällt, den beigelegten Brief zu unterzeichnen so senden Sie ihn dann bitte innerhalb 10 Tagen zurück an Harry Graf Kessler Weimar Cranachstrasse 3.

Ihr Hofmannsthal

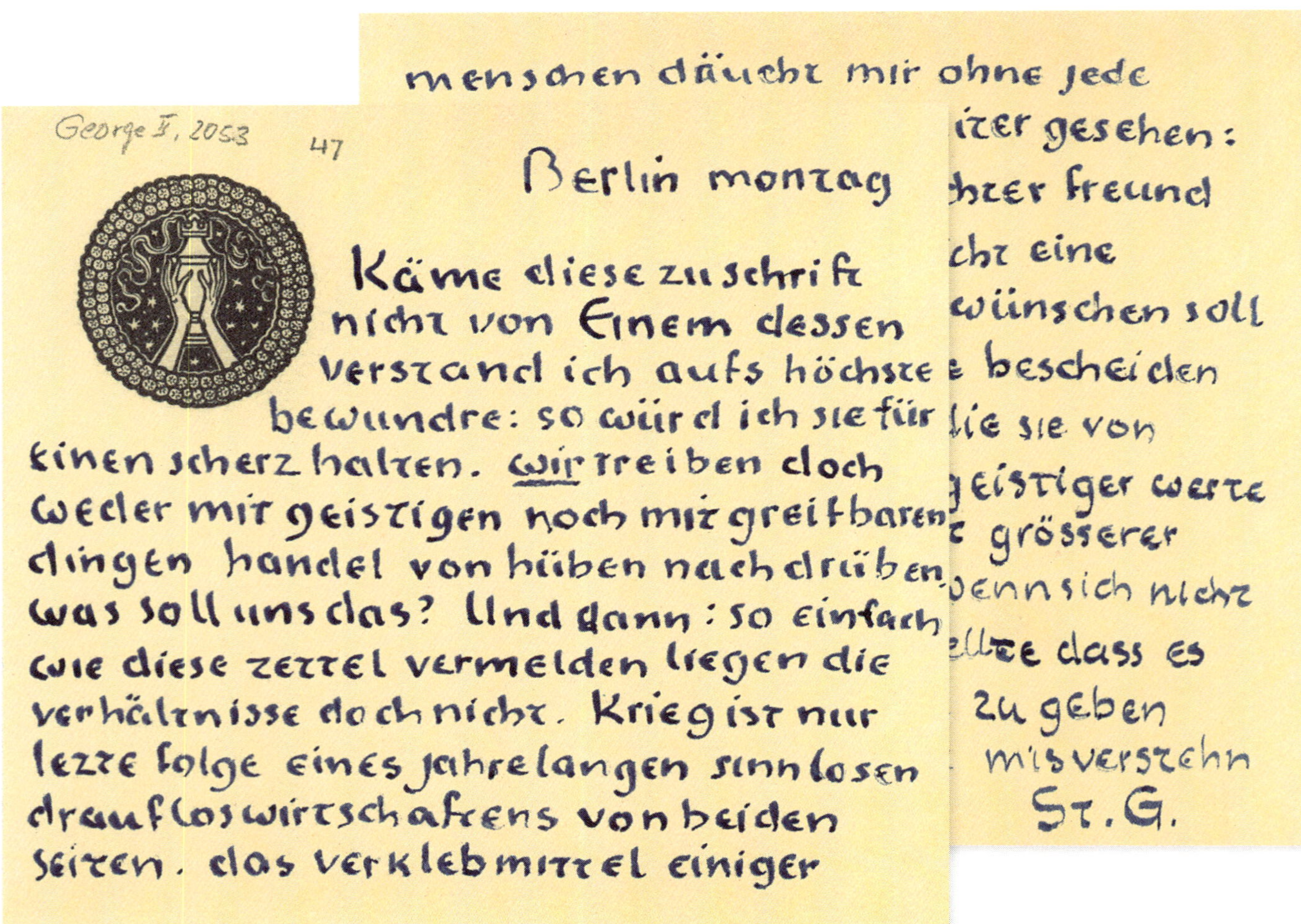
George II, 2053 47

Berlin montag

Käme diese zuschrift nicht von Einem dessen verstand ich aufs höchste bewundre: so würd ich sie für einen scherz halten. wir treiben doch weder mit geistigen noch mit greifbaren dingen handel von hüben nach drüben was soll uns das? Und dann: so einfach wie diese zettel vermelden liegen die verhältnisse doch nicht. Krieg ist nur lezte folge eines jahrelangen sinnlosen drauflos wirtschaftens von beiden seiten. das verklebmittel einiger

menschen däucht mir ohne jede
…iter gesehen:
…hter freund
…cht eine
…wünschen soll
… bescheiden
…lie sie von
…geistiger werte
… grösserer
…wenn sich nicht
…ellte dass es
zu geben
… misverstehn
St. G.

Berlin montag [4. Dezember 1905]

Käme diese zuschrift nicht von Einem dessen verstand ich aufs höchste bewundre: so würd ich sie für einen scherz halten. wir treiben doch weder mit geistigen noch mit greifbaren dingen handel von hüben nach drüben. was soll uns das? Und dann: so einfach wie diese zettel vermelden liegen die verhältnisse doch nicht. Krieg ist nur lezte folge eines jahrelangen sinnlosen draufloswirtschaftens von beiden seiten. das verklebmittel einiger menschen däucht mir ohne jede wirkung. Und noch weiter gesehen: Wer weiss ob man als echter freund der Deutschen ihnen nicht eine kräftige SEE-schlappe wünschen soll damit sie jene völkische bescheidenheit wiedererlangen die sie von neuem zur erzeugung geistiger werte befähigt. Ich hätte mit grösserer gelassenheit erwidert wenn sich nicht die trauer darüber einstellte dass es kaum noch einen punkt zu geben scheint wo wir uns nicht missverstehn.

St. G.

Schriftsteller sind mehr als nur Künstler. Sie sind Seismografen all der größeren und kleineren Erschütterungen ihrer Zeit. Deshalb: Wenn es um Krieg und Frieden, um soziale Ungerechtigkeit oder Umweltschutz geht, melden sich engagierte, unbequeme Dichter nicht nur in ihren Werken zu Wort, sondern gerne auch in Aufrufen und Protestnoten. Der politisch engagierte Dichter ist keine Erfindung des späten 20. Jahrhunderts. Das belegt der Brief von Hugo von Hofmannsthal an seinen früheren Mentor und engen Freund, den Schriftstellerkollegen Stefan George.

Hofmannsthal wollte erreichen, dass George einen Aufruf von Intellektuellen aus England und Deutschland unterzeichnete, um vor einem drohenden Krieg zwischen Deutschland und Großbritannien zu warnen. In der Tat war das Verhältnis der beiden europäischen Großmächte mehr als gespannt, viele Zeichen standen schon im Jahr 1905 auf Krieg.

Deutsche Großmachtansprüche auf ein eigenes Kolonialreich (den „Platz an der Sonne") versetzten Großbritannien in Unruhe. Zudem leistete sich Kaiser Wilhelm II. einen Affront nach dem anderen. Im Burenkrieg gratulierte er 1896 den südafrikanischen Buren per Telegramm zu einer gewonnenen Schlacht gegen England. 1900 schmetterte der Monarch seine „Hunnenrede". Und 1905, als Hofmannsthal seinen Brief schrieb, stand der Monarch im Zentrum der ersten Marokkokrise. Der politische Hintergrund: England und Frankreich hatten sich zur Entente Cordiale zusammengeschlossen, um zu einem Ausgleich in Bezug auf ihre afrikanischen Kolonialgebiete zu gelangen. So wurde Ägypten Großbritannien zugesprochen, Marokko geriet unter französischen Einfluss. Deutschland sah darin eine Verletzung der Madrider Konvention von 1880, die eben diesen Einfluss begrenzen und einen eigenständigen marokkanischen Staat garantieren sollte. Kaiser Wilhelm selbst wollte keine Intervention Deutschlands in der marokkanischen Frage. Dennoch gab er dem Drängen seines Reichskanzlers Bernhard von Bülow nach und stattete im März

1905 der marokkanischen Stadt Tanger einen Besuch ab. Der Effekt dieser wohlgesetzten Provokation: Das Verhältnis zwischen dem Kaiserreich und Großbritannien verschlechterte sich rapide, es drohte eine militärischen Auseinandersetzung.

Der Aufruf zum Frieden, den der diesseits und jenseits des Ärmelkanals aufgewachsene, bekannte und bekennende Pazifist Harry Graf Kessler koordinierte, war also durchaus berechtigt. Zugleich war der Aufruf auch Ausdruck eines Ohnmachtgefühls, das sich um die Jahrhundertwende bei der geistigen Elite ausgebreitet hatte. Das europäische Fin de Siècle war eine verwirrende Zeit mit internationalen Konflikten, einem allerorts wuchernden Nationalismus und einer permanenten militärischen Aufrüstung, ermöglicht auch durch eine entfesselte Waffenindustrie. Nur ein kleiner Teil der Intelligenz war wirklich pazifistisch. Der weitaus größere Teil antwortete auf die politischen Bedrohungen mit einem Rückzug in Dekadenz und Dandytum. Und nicht wenige Intellektuelle der Zeit schlugen einen dritten, radikaleren Weg ein und propagierten Sozialdarwinismus, Herrschaftsdenken und Antisemitismus. Rückblickend zeigt sich, dass zur Zeit der Jahrhundertwende der Weg nicht nur zum Ersten Weltkrieg vorgezeichnet war, sondern sich auch schon ein Gedankengut ausbreitete, das später den Weg in den Nationalsozialismus und den Zweiten Weltkrieg bereiten sollte. Hofmannsthals einladende Worte und auch seine Zusage, dass für George offenbar niedriger stehende Geistesgrößen wie der Erfolgsdichter Hermann Sudermann nicht an dem Friedensappell mitwirken sollten, waren erfolglos. Stefan George blieb dabei, dass sich Dichter vom politischen Geschäft fernzuhalten hätten. Seine schroffe Abfuhr schickte George trotzdem nie ab; vielmehr blieb er Hofmannsthal die Antwort auf dessen Anfrage schuldig.

Das Verhältnis der beiden Dichter jedenfalls war schon Jahre zuvor erschüttert worden. Ab 1906 gab es überhaupt keinen Kontakt mehr zwischen den Literaten. Doch worin lagen die Gründe dafür? Es gab sicher zunehmend Meinungsverschiedenheiten in politischen Fragen und im Kunstbegriff. George, der Anhänger des „L'art pour l'art", war der Überzeugung, dass Dichter sich nicht in politische Zusammenhänge einzumischen hätten. Dieser Haltung blieb er selbst im Alter treu, als die Nationalsozialisten sein Werk zu vereinnahmen suchten. Hofmannsthal entfernte sich mit der Zeit deutlich von dieser Position, wie der abgedruckte Brief dokumentiert. Doch nicht nur Differenzen im Kunstverständnis, auch der schwierige Charakter Georges schürte den Konflikt: Autoritär im Auftreten, verlangte George vom deutlich jüngeren Hofmannsthal stets Loyalität und Unterordnung. Dass Hofmannsthal seine Vorstellung von Ästhetik nicht mehr teilen wollte, verärgerte ihn.

HUGO VON HOFMANNSTHAL wurde am 1. Februar 1874 in Wien geboren. Seine Eltern waren der Bankbeamte und Jurist Dr. Hugo von Hofmannsthal und dessen Frau Anna Maria, geborene Fohleutner. Die Familie hatte jüdische, italienische, schwäbische und österreichische Wurzeln. Ab 1884 besuchte Hugo von Hofmannsthal das Gymnasium, erste Gedichte veröffentlichte er als Schüler unter diversen Pseudonymen.

1891 traf er, gerade 17-jährig, auf Stefan George, der einen großen Einfluss auf seine literarische Arbeit hatte. 1892 schloss Hugo von Hofmannsthal die Matura mit Auszeichnung ab und begann ein Jurastudium, das er jedoch abbrach, um nach dem freiwilligen einjährigen Militärdienst französische Philologie zu studieren. 1898 promovierte Hofmannsthal, nur drei Jahre später reichte er seine Habilitationsschrift ein. Doch Hofmannsthal entschied sich gegen den Professorenberuf und lebte ab 1901 als freier Schriftsteller. Im selben Jahr heiratete er Gertrud („Gerty") Schlesinger, das Paar bekam drei Kinder. Ab 1906 arbeitete Hofmannsthal mit dem Komponisten Richard Strauss zusammen. Aus den Libretti von Hofmannsthal wurden die Strauss-Opern „Elektra", „Der Rosenkavalier" und „Ariadne auf Naxos". Auch die Salzburger Festspiele, die 1920 zum ersten Mal abgehalten wurden, gingen auf eine Initiative von Hofmannsthal und Strauss zurück. Dort wird bis heute jedes Jahr Hofmannsthals Stück vom „Jedermann" aufgeführt.

1914 wurde Hofmannsthal eingezogen und diente zunächst als Landsturmoffizier in Istrien, später im Kriegsfürsorgeamt. Als Österreich-Ungarn nach dem Ersten Weltkrieg unterging, traf das den patriotisch gesinnten Hofmannsthal schwer. 1919 wurde er zum ersten Mal für den Nobelpreis vorgeschlagen. Drei weitere ergebnislose Nominierungen folgten. In den Jahren ab 1920 bereiste Hofmannsthal Europa und Marokko. Er hegte Sympathien für den faschistischen Politiker Mussolini und unternahm viele Reisen nach Italien. Hofmannsthal zerbrach vermutlich an einer privaten Tragödie: Am 13. Juli 1929 nahm sich sein Sohn Franz das Leben. Nur zwei Tage später, am 15. Juli, starb Hugo von Hofmannsthal auf dem Weg zur Beisetzung des Sohns an einem Schlaganfall.

Doch es steckt noch viel mehr dahinter. Georges Schlusssatz („... dass es kaum noch einen punkt zu geben scheint wo wir uns nicht missverstehn") im nie abgeschickten Billett klingt wie der Schlusssatz eines Trennungsbriefes unter Liebenden. Tatsächlich fühlte sich George zu Männern hingezogen und wollte von Hofmannsthal mehr als nur eine bürgerliche Männerfreundschaft. Und das mit allem Nachdruck. Als der 17-jährige Hofmannsthal 1891 George kennenlernte, war der Jüngling von dem sechs Jahre älteren Schriftsteller fasziniert, fühlte sich ihm in literarischen Dingen verbunden. Es dauerte jedoch nur wenige Tage, bis die Faszination der Angst wich. Ein Besuch bei George an Heiligabend 1891 muss Hofmannsthal solche Furcht eingeflößt haben, dass er kurz darauf seine Abreise aus Wien vortäuschte. Offenbar war George in einem Ausmaß vom jungen Hofmannsthal besessen, das diesen verschreckte.

Heute würden wir das, was George in den darauffolgenden Wochen mit Hofmannsthal veranstaltete, als Stalking bezeichnen: Er lauerte dem minderjährigen

Gymnasiasten nach der Schule auf, er drängte ihn in mehreren Briefen dazu, sich endlich mit ihm zu treffen. Schließlich drohte George ihm gar mit einem Duell, zu dem es aber nie kam. Der Grund für die Einladung zum Duell war wohl, dass sich George gekränkt fühlte, weil Hofmannsthal sein Werben falsch gedeutet habe. In seiner Verzweiflung offenbarte Hofmannsthal seinem Vater, dass er sich von George belästigt fühle. Hofmannsthals Vater wandte sich mit einem höflichen, aber deutlichen Brief an Stefan George. Der Wortlaut:
„Euer Wohlgeboren! Mein Sohn hat mir über die unerquickliche Gestaltung seiner Beziehungen zu Ihnen Mitteilung gemacht. Ich bedaure einerseits die seiner Jugend u. Unerfahrenheit zuzuschreibende Art, auf welche er dieselben zu lösen gesucht hat, muss aber andererseits die bestimmte Bitte an Sie richten den Verkehr mit ihm nicht erzwingen zu wollen. Ich bin vollkommen bereit Ihnen die Gründe, welche mich zu dieser Bitte veranlassen und die nichts Verletzendes für Sie enthalten, mündlich auseinanderzusetzen, falls Sie darauf bestehen; da ich, als Geschäftsmann, nicht genug Herr meiner Zeit bin, würde ich Sie in diesem Fall bitten an einem der nächsten Tage in meinem Bureau [...] vorzusprechen."

Nach einem klärenden Gespräch zwischen Vater Hofmannsthal und George kapitulierte George und verließ Wien. Stefan George und Hugo von Hofmannsthal begegneten sich später nur noch einige wenige Male. Aber sie blieben jahrelang in einem Briefwechsel miteinander verbunden. Durch die schwierige Vorgeschichte war dieser Briefwechsel konfliktbeladen und von gegenseitigen Kränkungen durchsetzt. Das gilt auch für die abgedruckten Briefe aus dem Jahr 1905, die, ohne den persönlichen Hintergrund zu kennen, kaum zu verstehen sind. Hier drückt sich mehr als nur eine Meinungsverschiedenheit über die Funktion von Dichtung und die Rolle des Dichters aus. Die Zurückweisung der Anfrage ist sicherlich Georges Kunstverständnis geschuldet – aber sie wirkt im Rückblick auch wie eine reichlich späte Retourkutsche für eine längst vergangene, aber zutiefst verletzende Zurückweisung in anderer Angelegenheit.

STEFAN GEORGE wurde am 12. Juli 1868 in Büdesheim als Sohn eines Weinhändlers geboren. Das begabte Kind brachte sich bereits zu Schulzeiten selbst Sprachen bei, darunter Italienisch und Norwegisch. Mit 19 Jahren veröffentlichte George erste Gedichte in der selbst herausgegebenen Schülerzeitschrift „Rosen und Disteln". 1888 machte er sein Abitur und reiste im Anschluss durch Europa. Im folgenden Jahr nahm George in Berlin ein geisteswissenschaftliches Studium auf, das er jedoch nach drei Semestern aufgab. Im Anschluss zog er weiter umher, hatte meist keinen festen Wohnsitz. Sein Zuhause waren die Häuser und Wohnungen seiner Freunde und das Wohnhaus seiner Eltern. Seinen Lebensunterhalt bestritt George aus einem kleinen Erbe und seiner Schriftstellerei.

In seinen Wanderjahren entwickelte George sein Kunstverständnis des „L'art pour l'art". Er war überzeugt, dass Kunst Selbstzweck war und nicht einer profanen Motivation wie Unterhaltung zu folgen hatte. Georges Ästhetizismus äußerte sich auch im Erscheinungsbild seiner Veröffentlichungen. Besonders bekannt wurde die eigens für ihn entwickelte Drucktype, die sich an einer von ihm selbst entworfenen Schrift orientierte und in der ab 1904 alle seine Bücher gesetzt wurden.

Bereits 1892 hatte sich um Stefan George ein Kreis von Männern geschart, die eine gemeinsame Sicht auf Gesellschaft und Kunst teilten. Zusammenhalt gab der Runde zunächst die Arbeit an der Zeitschrift „Blätter für die Kunst". Um die Jahrhundertwende wurde der George-Kreis zunehmend zu einer festen Institution, in der sich George als Lehrmeister der jungen Intellektuellen verstand. Ab Mitte der 20er Jahre zählten zu diesem Kreis auch die drei Stauffenberg-Brüder, einer von ihnen der spätere Hitler-Attentäter Claus von Stauffenberg.

Den Ersten Weltkrieg sah George mit Skepsis. Er sagte bereits früh einen für Deutschland unglücklichen Ausgang des Kriegsgeschehens voraus. In der Zeit der Weimarer Republik wurde George zur Leitfigur für die Jugend verschiedener politischer Lager. Republikanisch wie nationalistisch gesinnte Jugendliche, überzeugte Antisemiten wie auch Zionisten bezogen sich auf George. 1928 veröffentlichte er sein Werk „Das neue Reich". Die Nationalsozialisten wollten den Dichter für ihre Zwecke vereinnahmen, doch George ging es nicht um Politik, sondern um die Verwirklichung einer geistigen Idee. Dem Nationalsozialismus stand George ambivalent gegenüber. Er begrüßte einerseits die Idee eines erstarkten nationalen Denkens, lehnte andererseits aber 1933 die ihm vom nationalsozialistischen Kultusministerium angetragene Präsidentschaft der Preußischen Dichterakademie ab. Kurz vor seinem 65. Geburtstag floh er, eine Ehrung fürchtend, nach Berlin, wo sein Aufenthaltsort nicht bekannt war. Der schon schwer kranke George reiste noch im selben Jahr aus unbekanntem Grund in die Schweiz, wo er am 4. Dezember 1933 in Minusio bei Locarno starb.

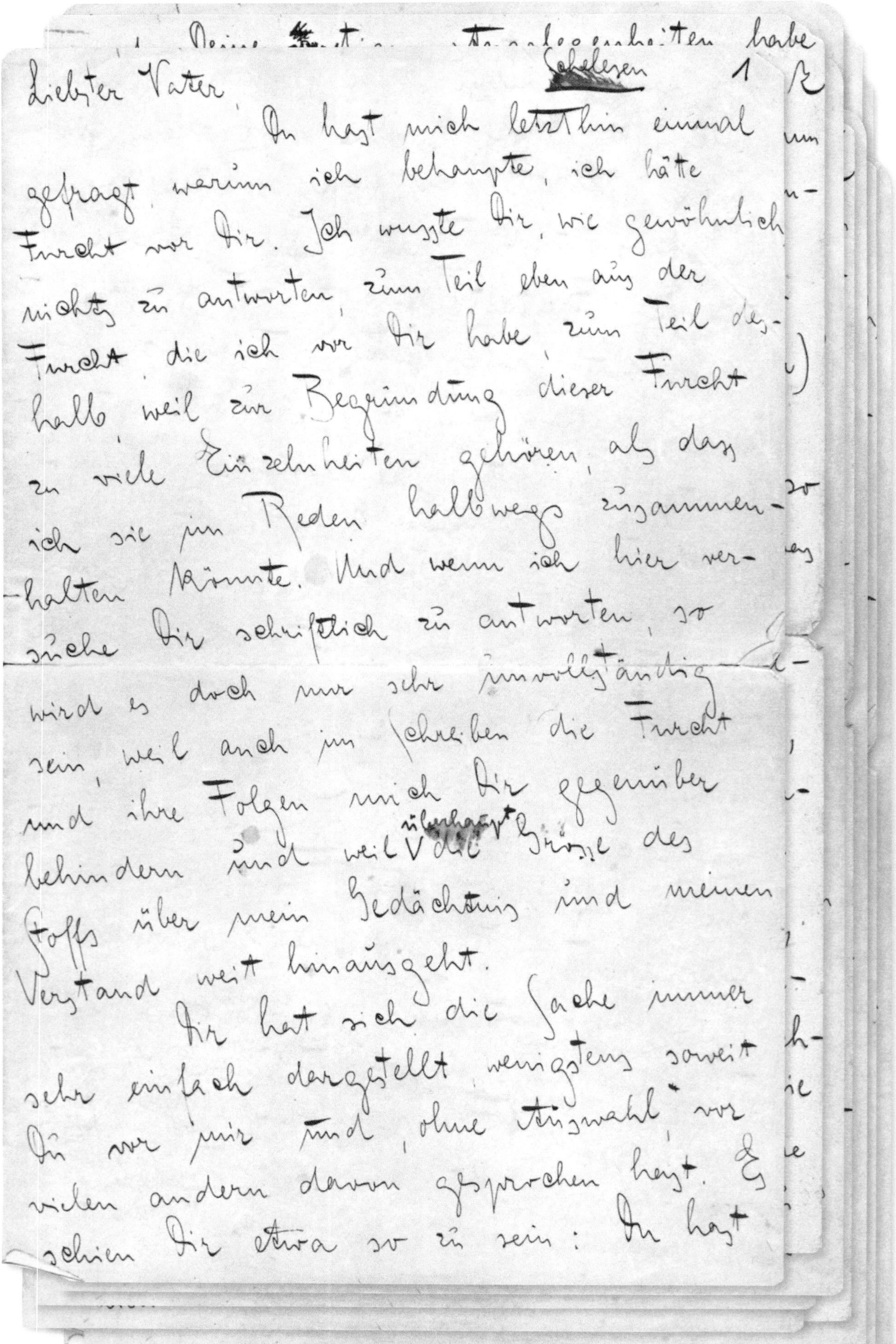

Schelesen 1

Liebster Vater
Du hast mich letzthin einmal
gefragt, warum ich behaupte, ich hätte
Furcht vor Dir. Ich wusste Dir, wie gewöhnlich,
nichts zu antworten, zum Teil eben aus der
Furcht, die ich vor Dir habe, zum Teil des-
halb, weil zur Begründung dieser Furcht
zu viele Einzelheiten gehören, als dass
ich sie im Reden halbwegs zusammen-
halten könnte. Und wenn ich hier ver-
suche Dir schriftlich zu antworten, so
wird es doch nur sehr unvollständig
sein, weil auch im Schreiben die Furcht
und ihre Folgen mich Dir gegenüber
behindern und weil überhaupt die Grösse des
Stoffs über mein Gedächtnis und meinen
Verstand weit hinausgeht.
Dir hat sich die Sache immer
sehr einfach dargestellt, wenigstens soweit
Du vor mir und, ohne Auswahl, vor
vielen andern davon gesprochen hast. Es
schien Dir etwa so zu sein: Du hast

FRANZ KAFKA an Hermann Kafka

Liebster Vater,

Du hast mich letzthin einmal gefragt, warum ich behaupte, ich hätte Furcht vor Dir. Ich wußte Dir, wie gewöhnlich, nichts zu antworten, zum Teil eben aus der Furcht, die ich vor Dir habe, zum Teil deshalb, weil zur Begründung dieser Furcht zu viele Einzelheiten gehören, als dass ich sie im Reden halbwegs zusammenhalten könnte. Und wenn ich hier versuche Dir schriftlich zu antworten, so wird es doch nur sehr unvollständig sein, weil auch im Schreiben die Furcht und ihre Folgen mich Dir gegenüber behindern und weil überhaupt die Größe des Stoffs über mein Gedächtnis und meinen Verstand weit hinausgeht.
[...]
Ich war ein ängstliches Kind; trotzdem war ich gewiss auch störrisch, wie Kinder sind; gewiss verwöhnte mich die Mutter auch, aber ich kann nicht glauben, dass ich besonders schwer lenkbar war, ich kann nicht glauben, dass ein freundliches Wort, ein stilles Bei-der-Hand-Nehmen, ein guter Blick mir nicht alles hätten abfordern können, was man wollte. Nun bist Du ja im Grunde ein gütiger und weicher Mensch (das Folgende wird dem nicht widersprechen, ich rede ja nur von der Erscheinung, in der Du auf das Kind wirktest), aber nicht jedes Kind hat die Ausdauer und Unerschrockenheit, so lange zu suchen, bis es zu der Güte kommt. Du kannst ein Kind nur so behandeln, wie Du eben selbst geschaffen bist, mit Kraft, Lärm und Jähzorn, und in diesem Falle schien Dir das auch noch überdies deshalb sehr gut geeignet, weil Du einen kräftigen mutigen Jungen in mir aufziehen wolltest.
[...]
Ich hätte ein wenig Aufmunterung, ein wenig Freundlichkeit, ein wenig Offenhalten meines Wegs gebraucht, statt dessen verstelltest Du mir ihn, in der guten Absicht freilich, daß ich einen anderen Weg gehen sollte. Aber dazu taugte ich nicht. Du muntertest mich zum Beispiel auf, wenn ich gut salutierte und marschierte, aber ich war kein künftiger Soldat, oder Du muntertest mich auf, wenn ich kräftig essen oder sogar Bier dazu trinken konnte, oder wenn ich unverstandene Lieder nachsingen oder Deine Lieblingsredensarten Dir nachplappern konnte, aber nichts davon gehörte zu meiner Zukunft. Und es ist bezeichnend, dass Du selbst heute mich nur dann eigentlich in etwas aufmunterst, wenn Du selbst in Mitleidenschaft gezogen bist, wenn es sich um Dein Selbstgefühl handelt,

das ich verletze (zum Beispiel durch meine Heiratsabsicht) oder das in mir verletzt wird (wenn zum Beispiel Pepa mich beschimpft). Dann werde ich aufgemuntert, an meinen Wert erinnert, auf die Partien hingewiesen, die ich zu machen berechtigt wäre und Pepa wird vollständig verurteilt. Aber abgesehen davon, dass ich für Aufmunterung in meinem jetzigen Alter schon fast unzugänglich bin, was würde sie mir auch helfen, wenn sie nur dann eintritt, wo es nicht in erster Reihe um mich geht.
Damals und damals überall hätte ich die Aufmunterung gebraucht.
Ich war ja schon niedergedrückt durch Deine blosse Körperlichkeit.
Ich erinnere mich zum Beispiel daran, wie wir uns öfters zusammen in einer Kabine auszogen. Ich mager, schwach, schmal, Du stark, gross, breit. Schon in der Kabine kam ich mir jämmerlich vor, und zwar nicht nur vor Dir, sondern vor der ganzen Welt, denn Du warst für mich das Mass aller Dinge. Traten wir dann aber aus der Kabine vor die Leute hinaus, ich an Deiner Hand, ein kleines Gerippe, unsicher, blossfüßig auf den Planken, in Angst vor dem Wasser, unfähig Deine Schwimmbewegungen nachzumachen, die Du mir in guter Absicht, aber tatsächlich zu meiner tiefen Beschämung immerfort vormachtest, dann war ich sehr verzweifelt und alle meine schlimmen Erfahrungen auf allen Gebieten stimmten in solchen Augenblicken grossartig zusammen. Am wohlsten war mir noch, wenn Du Dich manchmal zuerst auszogst und ich allein in der Kabine bleiben und die Schande des öffentlichen Auftretens so lange hinauszögern konnte, bis Du endlich nachschauen kamst und mich aus der Kabine triebst. Dankbar war ich Dir dafür, dass Du meine Not nicht zu bemerken schienest, auch war ich stolz auf den Körper meines Vaters. Übrigens besteht zwischen uns dieser Unterschied heute noch ähnlich.
[...]
Du könntest, wenn Du meine Begründung der Furcht, die ich vor Dir habe, überblickst, antworten: „Du behauptest, ich mache es mir leicht, wenn ich mein Verhältnis zu Dir einfach durch Dein Verschulden erkläre, ich aber glaube, dass Du trotz äusserlicher Anstrengung es Dir zumindest nicht schwerer, aber viel einträglicher machst. Zuerst lehnst auch Du jede Schuld und Verantwortung von Dir ab, darin ist also unser Verfahren das gleiche. Während ich aber dann so offen, wie ich es auch meine, die alleinige Schuld Dir zuschreibe, willst Du gleichzeitig „übergescheit“ und „überzärtlich“ sein und auch mich von jeder Schuld freisprechen. Natürlich gelingt Dir das letztere nur scheinbar (mehr willst Du ja

auch nicht), und es ergibt sich zwischen den Zeilen trotz aller „Redensarten“ von Wesen und Natur und Gegensatz und Hilflosigkeit, dass eigentlich ich der Angreifer gewesen bin, während alles, was Du getrieben hast, nur Selbstwehr war. Jetzt hättest Du also schon durch Deine Unaufrichtigkeit genug erreicht, denn Du hast dreierlei bewiesen, erstens dass Du unschuldig bist, zweitens dass ich schuldig bin und drittens dass Du aus lauter Großartigkeit bereit bist, nicht nur mir zu verzeihn, sondern, was mehr und weniger ist, auch noch zu beweisen und es selbst glauben zu wollen, dass ich, allerdings entgegen der Wahrheit, auch unschuldig bin. Das könnte Dir jetzt schon genügen, aber es genügt Dir noch nicht. Du hast es Dir nämlich in den Kopf gesetzt, ganz und gar von mir leben zu wollen. Ich gebe zu, dass wir miteinander kämpfen, aber es gibt zweierlei Kampf. Den ritterlichen Kampf, wo sich die Kräfte selbständiger Gegner messen, jeder bleibt für sich, verliert für sich, siegt für sich. Und den Kampf des Ungeziefers, welches nicht nur sticht, sondern gleich auch zu seiner Lebenserhaltung das Blut saugt. Das ist ja der eigentliche Berufssoldat und das bist Du. Lebensuntüchtig bist Du; um es Dir aber darin bequem, sorgenlos und ohne Selbstvorwürfe einrichten zu können, beweist Du, dass ich alle Deine Lebenstüchtigkeit Dir genommen und in meine Taschen gesteckt habe. Was kümmert es Dich jetzt, wenn Du lebensuntüchtig bist, ich habe ja die Verantwortung. Du aber streckst Dich ruhig aus und lässt Dich, körperlich und geistig, von mir durchs Leben schleifen.
[...]
Darauf antworte ich, dass zunächst dieser ganze Einwurf, der sich zum Teil auch gegen Dich kehren lässt, nicht von Dir stammt, sondern eben von mir. So gross ist ja nicht einmal Dein Misstrauen gegen andere, wie mein Selbstmisstrauen, zu dem Du mich erzogen hast. Eine gewisse Berechtigung des Einwurfes, der ja auch noch an sich zur Charakterisierung unseres Verhältnisses Neues beiträgt, leugne ich nicht. So können natürlich die Dinge in Wirklichkeit nicht aneinanderpassen, wie die Beweise in meinem Brief, das Leben ist mehr als ein Geduldspiel; aber mit der Korrektur, die sich durch diesen Einwurf ergibt, einer Korrektur, die ich im einzelnen weder ausführen kann noch will, ist meiner Meinung nach doch etwas der Wahrheit so sehr Angenähertes erreicht, dass es uns beide ein wenig beruhigen und Leben und Sterben leichter machen kann.

Franz

FRANZ KAFKA, am 3. Juli 1883 in Prag hineingeboren in eine jüdische Kaufmannsfamilie. Sein Vater: ein Tyrann. Seine Profession: die Juristerei. Sein Broterwerb: Beamter der „Arbeiter-Unfall-Versicherungs-Anstalt". Alles zusammen – der übermächtige Vater, das Gesetz und entfremdetes Arbeiten in einer anonymen Bürokratie – prägt das literarische Schaffen Kafkas. Kernmotiv ist das Scheitern. Der Protagonist steht vor einem ihm verborgenen Code, sieht sich auf unerklärliche Weise durch den Vater, durch Vorgesetzte, durch anonyme Institutionen bedroht, bestraft oder entmenschlicht. Die Tragik des Geschehens und die Schwäche seiner Helden beschrieb Kafka dennoch nie ohne Ironie.

Franz Kafkas Leben war kurz: 1917 brach die Tuberkulose mit einem Blutsturz aus. Kafka starb am 3. Juni 1924, noch nicht 41 Jahre alt. Sein Scheitern ging über den Tod hinaus. Max Brod veröffentlichte einen Großteil der Werke Kafkas postum – gegen den erklärten Willen des Autors. Das jedoch war ein Glücksfall für die Geistesgeschichte.

Es gibt viele berühmte Schriftsteller. Aber nur einer war Namensgeber eines Adjektivs, das es in die Allgemeinsprache geschafft hat: Franz Kafka. „Kafkaesk" geht selbst Leuten flüssig über die Lippen, die noch nie eine Zeile aus dem „Schloss", der „Verwandlung" oder dem „Prozess" gelesen haben. Kafkaesk steht für dunkel und ungewiss, rätselhaft und bedrohlich, irrational, komplexbeladen, aber auch skurril. So müssen sich kleine Kinder fühlen, wenn sie allmächtigen Eltern gegenüberstehen – und wenn eines fehlt: Liebe.

Kafka war ein solcher Sohn, ein ewiger Sohn, der es nie schaffte, für sich selbst zu sorgen und sich von seinem übermächtigen Vater zu emanzipieren. Sein „Brief an den Vater" ist in mehrfacher Hinsicht kafkaesk – im Inhalt, in der Entstehung, im Übermittlungsweg und in der Länge. Allein diese Länge! Die Generalabrechnung mit dem Vater fasst über hundert Manuskriptseiten und spricht Bände über das schwierige Vater-Sohn-Verhältnis.

Im Krieg zwischen Völkern gibt es einen Kriegsgrund und einen Kriegsanlass. Der Grund des Ersten Weltkriegs waren der Zerfall der europäischen Monarchien, der Nationalismus und das Ringen um Weltgeltung. Der Anlass war das Attentat von Sarajevo auf Erzherzog Franz Ferdinand. Beim familiären Krieg im Hause Kafka, ausgebrochen im November 1919, war es ähnlich. Der Kriegsgrund war die lieblose Erziehung durch den autoritären Vater. Der Kriegsanlass war der Streit darum, ob Franz Kafkas Braut Julie Wohryzek die Richtige sei für den Sohn. Die Sekretärin aus Prag hatte Kafka im Winter zuvor im böhmischen Kurort Schelesen kennengelernt. Normalerweise reagieren Mütter empfindlich, wenn ihre Söhne auf Freiersfüßen wandeln. Bei Kafkas waren es beide Eltern. Sie hatten heimlich über ein Auskunftsbüro Erkundigungen über die Familie Wohryzek eingeholt und meinten beweisen zu können, dass die Braut einem freizügigen Lebenswandel nachging – oder was sie dafür hielten. Von diesem Vorwurf erfuhr Franz Kafka aber nichts. Er meinte, seine Eltern hielten die Braut wegen ihres Berufs für nicht standesgemäß. Zu einer Verständigung darüber, weshalb die Eltern die Braut ablehnten, kam es nie. Zumal Vater Hermann Kafka im Streit schweres Geschütz auffuhr und weit unter die Gürtellinie zielte. Er bot seinem Sohn an, ihn einfach mal in den Puff auszuführen. So müsse Franz nicht „eine Beliebige" heiraten. Hier die Bedenken, dass die Braut einen etwas zu lockeren Lebenswandel führte, dort das Angebot, den Sohn einer Prostituierten zuzuführen – ganz haltbar war die Auffassung des Vaters nicht.

Franz Kafka stellte sich gegen seinen Vater und wappnete sich mit der einzigen Waffe, die ihm, dem kleinen, verängstigten Jungen von 36 Jahren, zur Verfügung stand. Er schrieb einen hundertseitigen Brief. Die Waffe war geladen, aber abgeschossen hat sie Franz Kafka nie. Zuerst wollte er den Brief seiner Mutter geben, die ihn dann dem Vater übermitteln sollte. Aber die Mutter weigerte sich. Statt den direkten Weg der Konfrontation zu wählen, wich Franz Kafka zurück. Im darauffolgenden Jahr 1920 spielte er noch immer mit dem Gedanken, den Brief an seinen Vater abzuschicken, konnte sich aber wieder nicht dazu durchringen. Zumal er die Antworten seines Vaters ja schon kannte und in seinem Brief vorwegnahm.

Am Ende merkte Franz Kafka wohl, dass er mit seinem Brief etwas anderes geschaffen hatte als einen Brief: einen autobiografischen Text, ein Stück Literatur, in dem er den Vater-Sohn-Konflikt (wie schon fiktional in „Das Urteil", „Elf Söhne", „Das Ehepaar", „Die Verwandlung") aufgriff und verarbeitete. Dass der Brief sich zu Literatur wandelte, ist natürlich ein Stück weit Spekulation, aber begründete Spekulation: Den Brief an den Vater ließ Franz Kafka von einer Schreibkraft abtippen. Üblicherweise erhielten Fremde nur Einblick in Aufzeichnungen, die veröffentlicht werden sollten. Auch wollte er im Sommer 1920 den Brief Milena Jesenská zu lesen geben und kritzelte für seine Freundin sogar zwischen den Zeilen mit Bleistift Erläuterungen auf das Papier. Aber auch hier hat er den Abzug nicht betätigt. Auch Milena bekam den Brief an den Vater nie zu lesen.

HERMANN KAFKA wurde am 14. September 1852 im südböhmischen Osek u Milevska geboren. Dass der Mann so autoritär war, hatte Gründe. Zum einen entstammte er ärmlichsten Verhältnissen, der Vater konnte als Fleischhauer kaum den Unterhalt seiner kinderreichen Familie finanzieren. Die Kinder mussten schon früh arbeiten – und zur Arbeit gehörte eiserne Disziplin. Zum anderen übte Hermann Kafka, von Natur aus eher grobschlächtig, während seines fünfjährigen Militärdienstes Befehl und Gehorsam ein. Mit 30 Jahren heiratete er die Brauerstochter Julie Löwy, eröffnete eine Großhandlung für Galanteriewaren (heute würde man Accessoires dazu sagen) und stieg so ins Bürgertum auf. Hermann und Julie Kafka hatten sechs Kinder, von denen zwei Söhne das Kleinkindalter nicht überlebten. Franz war der Erstgeborene. Seine drei Schwestern Elli, Valli und Ottla wurden später Opfer des Holocaust.

Dass sein Sohn Franz der Schriftstellerei nachging, überforderte den cholerischen Vater. Allerdings willigte er nach dem Tod des Sohnes ein, dass Max Brod den literarischen Nachlass Franz Kafkas veröffentlichen durfte. Der Vertrag legte auch fest, dass Dora Diamant, die letzte Freundin Franz Kafkas, 45 Prozent der Einnahmen aus den Veröffentlichungen erhalten sollte. Damit gestand Hermann Kafka seinem Sohn wenigstens postum seine schriftstellerische Begabung (und wohl auch ein Sexualleben) zu. Hermann Kafka starb am 6. Juni 1931 in Prag.

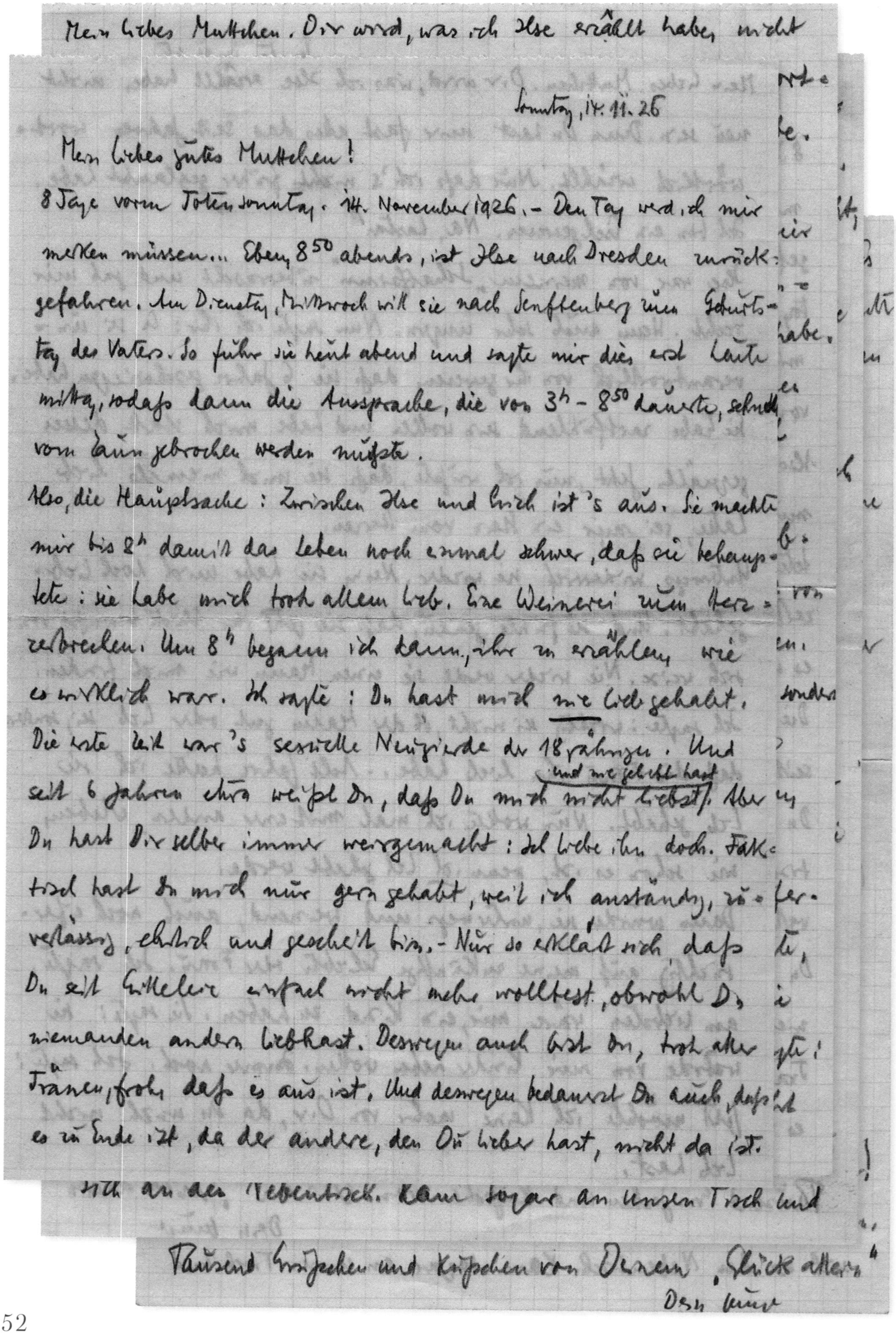

Mein liebes Muttchen. Dir wird, was ich Ilse erzählt habe, nicht

Sonntag, 14. 11. 26

Mein liebes gutes Muttchen!

8 Tage vorm Totensonntag. 14. November 1926. – Den Tag werd ich mir merken müssen... Eben, 8^50 abends, ist Ilse nach Dresden zurückgefahren. Am Dienstag, Mittwoch will sie nach Senftenberg zum Geburtstag des Vaters. So fuhr sie heut abend und sagte mir dies erst heute mittag, sodaß dann die Aussprache, die von 3h – 8^50 dauerte, schnell vom Zaun gebrochen werden mußte.

Also, die Hauptsache: Zwischen Ilse und Erich ist's aus. Sie machte mir bis 8h damit das Leben noch einmal schwer, daß sie behauptete: sie habe mich trotz allem lieb. Eine Weinerei zum Herzzerbrechen. Um 8h begann ich dann, ihr zu erzählen, wie es wirklich war. Ich sagte: Du hast mich nie lieb gehabt. Die erste Zeit war's sexuelle Neugierde der 18jährigen. Und seit 6 Jahren etwa weißt Du, daß Du mich nicht liebst (und nie geliebt hast). Aber Du hast Dir selber immer weisgemacht: Ich liebe ihn doch. Faktisch hast Du mich nur gern gehabt, weil ich anständig, zuverlässig, ehrlich und gescheit bin. – Nur so erklärt sich daß Du seit [illegible] einfach nicht mehr wolltest, obwohl Du niemanden andern liebhast. Deswegen auch bist Du, trotz aller Tränen, froh daß es aus ist. Und deswegen bedauerst Du auch, daß es zu Ende ist, da der andere, den Du lieber hast, nicht da ist.

sich an den Nebentisch. Kam sogar an unsern Tisch und

Tausend Grüßchen und Küßchen von Deinem „Glück allein"
Dein Junge

ERICH KÄSTNER an Ida Kästner

Sonntag, 14.11.26

Mein liebes gutes Muttchen!

8 Tage vorm Totensonntag. 14. November 1926. – Den Tag werd ich mir merken müssen ... Eben, 8^{50} abends, ist Ilse nach Dresden zurückgefahren. Am Dienstag, Mittwoch will sie nach Senftenberg zum Geburtstag des Vaters. So fuhr sie heut abend und sagte mir dies erst heute mittag, sodaß dann die Aussprache, die von 3^{h} – 8^{50} dauerte, schnell vom Zaun gebrochen werden mußte.

Also, die Hauptsache: Zwischen Ilse und Erich ist's aus. Sie machte mir bis 8^{h} damit das Leben noch einmal schwer, daß sie behauptete: sie habe mich trotz allem lieb. Eine Weinerei zum Herzzerbrechen. Um 8^{h} begann ich dann, ihr zu erzählen, wie es wirklich war. Ich sagte: Du hast mich nie lieb gehabt. Die erste Zeit war's sexuelle Neugierde der 18jährigen. Und seit 6 Jahren etwa weißt Du, daß Du mich nicht liebst und nie geliebt hast. Aber Du hast Dir selber immer weisgemacht: Ich liebe ihn doch. Faktisch hast Du mich nur gern gehabt, weil ich anständig, zuverlässig, ehrlich und gescheit bin. [...] Deswegen auch bist Du, trotz aller Tränen, froh, daß es aus ist. Und deswegen bedauerst Du auch, daß es zu Ende ist, da der andere, den Du lieber hast, nicht da ist.

Mein liebes Muttchen. Dir wird, was ich Ilse erzählt habe, nicht neu sein. Denn Du hast mir fast alles das seit Jahren wortwörtlich erzählt. Nur daß ich's nicht früher geglaubt habe. Ich bin ein Esel gewesen. Na, basta.

Ilse war von meinem „Scharfsinn" überrascht und gab mir recht. Wenn auch sehr ungern. Nun sagte ich ihr: Es sei unverantwortlich von ihr gewesen, daß sie 6 Jahre geschwiegen habe. Sie habe zartfühlend sein wollen und habe mich statt dessen gequält. Jetzt, nun ich wüßte, daß sie mich niemals lieb hatte, sei mir ein Stein vom Herzen.

Unterwegs widerrief sie wieder. Nein, sie habe mich doch liebgehabt. Und sie fühle genau, daß sie jetzt ihr Glück bewußt von sich weise. Nie wieder werde sie einen Mann wie mich finden. Ich sagte: wichtig sei nicht, ob der Mann gut oder lieb sei, sondern daß die Frau ihn lieb habe. Acht Jahre hätte ich sie lieb gehabt. Nun wollte ich mal mit einer andern erleben, wie schön es ist, wenn ich lieb gehabt werde.

Dann wurde sie, unterwegs und weinend, auch noch eifersüchtig auf meine zukünftige Geliebte oder Frau. Ich sagte, am liebsten wäre mir, ein Kind zu haben. Sie sagte: sie würde von mir Kinder haben wollen. Immer noch. Ich sagte: Jetzt möchte ich keine mehr von Dir, da Du mich nicht lieb hast.

Nun, dann habe ich ihr noch gut zugesprochen, obwohl ja eigentlich ich bei der Sache der Genasführte bin. Wir werden uns gelegentlich schreiben. Und wenn sie Rat braucht, soll sie sich an mich wenden. – Dann war es Zeit, in den Zug zu steigen. Sie hat geweint und gewinkt. Und ich habe gewinkt und auch beinahe geweint.

Und nun liegt endlich alles wieder klar vor mir. Ich habe 8 Jahre verloren. Und Ilse hat es gewußt. Aber sie hat ja auch 8 Jahre eingebüßt. Und bei ihr ist das schlimmer.

Jetzt wird wieder von vorne angefangen. Das ist zunächst noch bißchen seltsam. Denn daß ich sie lieb hatte und habe, ist nicht zu ändern. Und hätte sie mich so liebgehabt wie ich sie – es wäre wunderschön auf der Welt gewesen!

Nun, so muß es auch gehen. Und wird gehen. Gut sogar. – War komisch, als die alten Spinatwachteln zu ihr sagten: „Kommen Sie recht bald wieder" –

Ilses Bilder werde ich hängen lassen, bis ich mal eine Braut habe. Ich möchte nicht, daß man mich mitleidig von der Flanke ansieht und denkt: Der arme kleine Glückallein ... [...]

Na hopp, mein Pferdchen! Nicht mit den Augen gezwinkert. Das Leben kann noch immer eine ganz feine Sache werden. Tausend Grüßchen und Küßchen von Deinem „Glückallein"

Dein Junge

IDA AMALIA KÄSTNER, geborene Augustin, kam im Jahr 1871 zur Welt. Sie entstammte einer sächsischen Handwerkerfamilie. Ida Kästner arbeitete als Dienstmädchen und Heimarbeiterin. Mit Mitte 30 erlernte sie noch den Friseurberuf. Sie war verheiratet mit dem Sattlermeister Emil Richard Kästner, der aber nicht der leibliche Vater Erich Kästners war. Dass vermutlich der jüdische Sanitätsrat Emil Zimmermann (1864–1953) der leibliche Vater war, hielt Ida Kästner jedoch lange geheim. Sie starb 1951.

Zwischen Ilse und Erich ist's aus. Und was macht Erich? Er schreibt der Mama. In indirekter Rede gibt er diese letzte große Aussprache vor der Trennung von seiner langjährigen Freundin Ilse Julius wieder. Minutiös benennt er Beginn und Ende der Unterredung, spricht stellenweise von sich in der dritten Person. Wie von einer Romanfigur. Das einzige echte Zitat stammt von Spinatwachteln, bezeichnet wird eine Nebensache. Hauptsache ist: Es geht um Tränen und um unerfüllte Kinderwünsche, um falsche Vorstellungen, um die Qualen einer unerfüllten und unerwiderten Liebe, um vertane Lebensjahre. Es ist tragisch. Und liest sich lustig.

Kästner kann das. Er trennt sich mit Stil. „Sie hat geweint und gewinkt. Und ich habe gewinkt und auch beinahe geweint." Einen astreinen Chiasmus baut Kästner da ein, der Schelm. Und einen Schelm muss man einfach trösten und lieb haben.

Neben der Sprachkomik fällt noch eines auf an diesem über 80 Jahre alten Brief: seine Modernität, die weit über das rein Sprachliche hinausgeht. Die sexuelle Revolution ist 1926 ferne Zukunft, und doch berichtet ein Sohn seiner Mutter offen und ehrlich über das Scheitern einer sexuellen Liebesbeziehung. Nicht nur dieser eine Brief war offen. Beinahe täglich schrieben sich Mutter und Sohn. In vielen Briefen erzählt Erich Kästner über seine Frauengeschichten und lässt dabei sexuelle Details nicht aus. Das ist einigermaßen schräg, selbst für die heutige Zeit, in der Eltern sich gerne wie die besten Freunde ihrer Kinder aufführen.

Bei seiner Mutter stieß Kästner immer auf offene Ohren. Ida Kästner war eine treu sorgende Mutter. Sie kümmerte sich um das Seelenleben des Sohnes genauso wie um seine Wäsche. Bis zum Zusammenbruch des Postwesens im Jahr 1944, Erich Kästner war damals 45, schickte sie ihm Wäschepakete zu.

ERICH KÄSTNER an Ida Kästner

Die Offenheit in der Mutter-Sohn-Beziehung belegt das innige Verhältnis zwischen den beiden. Vielleicht war es Erich Kästner einfach auch nur wichtig, dass seine Mutter Ida nicht aus Zeitungen und Büchern von den Liebschaften ihres Sohnes erfuhr. Denn vieles aus seiner Feder war autobiografisch gefärbt. Kästner schrieb eben mehr als „Emil und die Detektive" oder „Das fliegende Kassenzimmer". Mit dem 1931 erschienenen „Fabian" verfasste er einen Berlinroman, der es durchaus mit dem anderen großen Epos der Zeit, Döblins „Berlin Alexanderplatz", aufnehmen kann. „Fabian. Die Geschichte eines Moralisten" entfaltet ein Panorama Berlins vor der Hitlerei und zeigt überdeutlich, was in Berlin, der schnellsten Stadt ihrer Zeit, so alles abging, auch in sexuellen Dingen. Wie im Leben Kästners gibt es im „Fabian" eine tragische Liebe, es wird gelogen und betrogen – und sogar gestorben. Und wie in seinem Brief an die Mutter verpackt Kästner diese traurige Geschichte schelmisch. Wink mit dem Betonpfeiler: Wem Döblins expressionistischer Großstadtroman vom Franz Biberkopf zu anstrengend ist, findet in Kästners Fabian ein lesbares Pendant der „Neuen Sachlichkeit".

Am direktesten und unmittelbarsten verarbeitete Erich Kästner die Trennung von Ilse Julius aber nicht im „Fabian", sondern in einem Gedicht, der „Sachlichen Romanze":

Als sie einander acht Jahre kannten
(und man darf sagen: sie kannten sich gut),
kam ihre Liebe plötzlich abhanden.
Wie andern Leuten ein Stock oder Hut.

Der Brief an die Mutter Ida nimmt die „Sachliche Romanze" von 1928 praktisch vorweg. Und was im Brief der Chiasmus war, ist im Titel des skizzenhaften Gedichts ein Oxymoron. Eine sachliche Romanze gibt es nicht.

ERICH KÄSTNER wurde am 23. Februar 1899 in Dresden geboren. Nach der Volksschule besuchte er ein Lehrerseminar in Dresden, um Volksschullehrer zu werden. 1917 wurde er eingezogen. Die Brutalität der Ausbildung machte ihn zu einem überzeugten Antimilitaristen. Nach dem Kriegsdienst holte er das Abitur nach und begann 1919 in Leipzig ein Studium der Geschichte, Philosophie, Germanistik und Theaterwissenschaft. In dieser Zeit lernte er auch seine Freundin Ilse Julius, die damals gerade einmal 18 Jahre alt war, kennen. Die beiden studierten die meiste Zeit in unterschiedlichen Städten und hatten eine Fernbeziehung. Sein Studium finanzierte Kästner erst als Werkstudent, dann als Journalist und Theaterkritiker. 1925 machte er in Leipzig seinen Doktor und stieg danach ganz in den Journalismus ein. Ilse Julius legte im selben Jahr in Dresden ein Chemiediplom ab und promovierte anschließend. Über die wirklich wichtigen Dinge, nämlich ob sie nach Erich Kästner jemals wieder einen Mann wie ihn fand und ob ihr Kinderwunsch in Erfüllung ging, weiß die Forschung nichts zu berichten. Sie ist spurlos verschwunden. Nach der Trennung von Ilse Julius und einem Streit mit seinem Chefredakteur über politische Ansichten ging Kästner 1927 nach Berlin. Dort wurde er Feuilletonist und schrieb für verschiedene Zeitungen Gedichte, Glossen und Reportagen. 1929 erschien mit „Emil und die Detektive" Kästners erstes Kinderbuch. Durch den Gegenwartsbezug und die realistische Darstellung der Großstadtszenerie Berlins wurde das Buch sofort ein Bestseller. 1931 erschien der Roman „Fabian" – ein „Emil und die Detektive" für Erwachsene.

Kästner gehörte zu den Unterzeichnern des „Dringenden Appells" des Internationalen Sozialistischen Kampfbundes vom Juni 1932, in dem 33 Persönlichkeiten, darunter Käthe Kollwitz, Heinrich Mann und Albert Einstein, vor einer Machtübernahme der NSDAP warnten. Allerdings ging Kästner nach 1933 nicht ins Exil. Nach eigenen Aussagen wollte er als Chronist der Ereignisse in Deutschland bleiben, außerdem konnte er die Mutter nicht alleine zurücklassen. So war er zugegen, als die Nazis bei der Bücherverbrennung seine „undeutschen" Werke ins Feuer warfen. Kästner wurde mehrfach von der Gestapo verhört und kurzzeitig verhaftet. Weil ihm die Aufnahme in die Reichsschrifttumskammer verweigert wurde, war er praktisch mit einem Berufsverbot belegt. Den Lebensunterhalt bestritt er aus Auslandslizenzen seiner Bücher.

Nach dem Krieg ging er nach München, wo er 1945 das literarische Kabarett „Die Schaubude" gründete. 1946 wurde er Leiter des Feuilletons der von den Amerikanern herausgegebenen „Neuen Zeitung". 1951 übernahm Kästner die Präsidentschaft des bundesdeutschen PEN-Zentrums und gründete mit „Die Kleine Freiheit" ein weiteres Kabarett.

1957 wurde der berühmte Kinderbuchautor Erich Kästner erstmals Vater. Allerdings lebte er in einer anderen Beziehung und bekannte sich weder zu seinem Sohn noch zu dessen Mutter. In der Nachkriegszeit wandte er sich gegen die Aufrüstung, den Kalten Krieg und den Vietnamkrieg. Mitte der 60er Jahre zog sich Kästner fast komplett aus dem Literaturbetrieb zurück. Zeitzeugen beschrieben ihn als gebrochenen Mann. Erich Kästner starb am 29. Juli 1974.

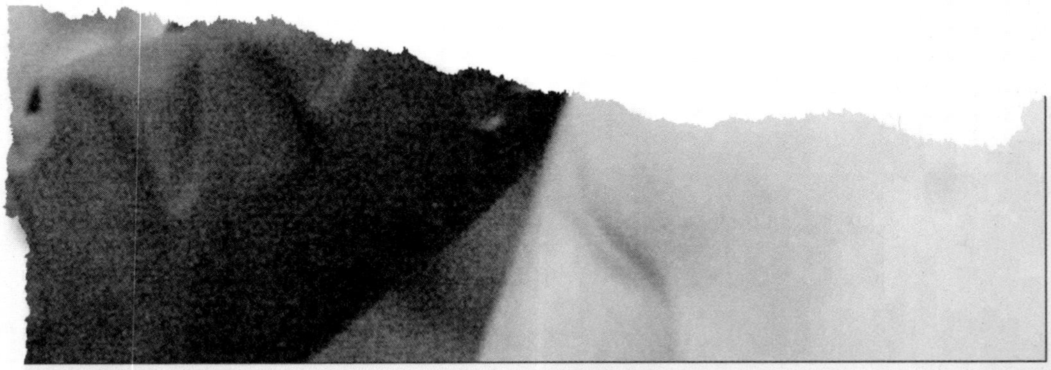

…x-Promotion, und Wladimir Klitschko nach der WM-Niederlage. Foto: AP

…icht si-
…werge-
…t Davis,
…ngen in
…bonus,
… Wladi-
…e Story
…ie blaue
…war, ist
…itschko
…gramm

…el stand
… Agenda.
…ung nach
…steht le-
…agte Rod-
…ationssie-

Liebe Fans …

Einen Tag nach dem K.o. von Hannover schrieb Wladimir Klitschko einen offenen Brief an seine Fans:

Liebe Fans, von Euch habe ich die meiste Unterstützung in meiner Karriere erfahren. Deshalb will ich Euch in meiner bittersten sportlichen Stunde versuchen zu erklären, warum ich einen Boxkampf verloren habe. Ich bin ein Mensch, und kein Mensch ist vollkommen. Ich war nur eine Sekunde unaufmerksam und wollte mich für einen Niederschlag revanchieren, da sind meine Emotionen mit mir durchgegangen. Zumindest bin ich nicht schwer k.o. gegangen. Ich habe einen Kampf verloren, aber nicht meine Karriere, nicht meine Gesundheit. Liebe Fans, ich habe gesehen, wie einige von Ihnen geweint haben. Blumen habe ich von Ihnen am nächsten Tag bekommen, Schokolade, Briefe und viel Zuspruch. Vielen Dank dafür. Jedesmal, wenn ich mir in Zukunft die Handschuhe zum Boxen überziehen werde, habe ich meine sportliche Aufgabe im Sinn und meine Fans im Herzen. Das kann ich Ihnen versprechen: Mit Ihrer Hilfe werde ich noch stärker zurückkommen.

6. … Parma
7. Udinese Calcio
8. AS Rom
9. FC Bologna
10. AC Perugia
11. Brescia Calcio
12. FC Empoli
13. FC Modena
14. Atalanta Bergamo
15. Reggina Calcio
16. Como Calcio
17. FC Piacenza
18. Turin Calcio

Spanien. Real Madr… ruña - Villarreal 2:1, FC… Valencia - Atlético Ma… suna 2:0, Mallorca - … Vigo 1:0, Huelva - Esp… - Bilbao 3:0, San Seba…

1. Real Madrid
2. San Sebastián
3. La Coruña
4. FC Valencia
5. Celta de Vigo
6. Atlético Madrid
7. FCSevilla
8. Betis Sevilla
9. FC Barcelona
10. Málaga
11. Valladolid
12. Villarreal
13. Mallorca
14. Athletic Bilbao
15. Santander
16. Osasuna
17. Alavés
18. Espanyol Barce…
19. Vallecano
20. Huelva

England. FA-Cu… sea 2:2, Sheffield … 2:0, Southampton -…

US-Tour. Turni… Endstand nach S… (66+70+66+68), 2… Tway 273 (65+68… Byrd, Perry (alle U… ger (Anhausen) 14…

…opularitätstest

… Play-offs gegen die Eisbären – die Berliner halten sich noch zurück

…eutschen Eis-
…rg Freezers.
…ie Color Line
…

nal-Spiele in der Deutschlandhalle alle Karten verkaufen“, sagt Billy Flynn. Zwar müssen die Eisbären nicht 13 000 Karten verkaufen, schließlich ist die Deutschlandhalle klei… … Knapp 9000 Ti… … Bis

Capitals und den Eisbären sehen wollten. Die Hamburger können darüber nur lachen. In ihrer Premierensaison in der DEL haben die Freezers im Schnitt vor 10 700 Zuschauern gespielt – das sind gut 6000 mehr als die Eisbären. Das Sportforum Hohenschönhausen fasst nur 5000 Besucher. … Deutschland…

9. März 2003

Liebe Fans,

von Euch habe ich die meiste Unterstützung in meiner Karriere erfahren. Deshalb will ich Euch in meiner bittersten sportlichen Stunde versuchen zu erklären, warum ich einen Boxkampf verloren habe. Ich bin ein Mensch, und kein Mensch ist vollkommen. Ich war nur eine Sekunde unaufmerksam und wollte mich für einen Niederschlag revanchieren, da sind meine Emotionen mit mir durchgegangen. Zumindest bin ich nicht schwer k.o. gegangen. Ich habe einen Kampf verloren, aber nicht meine Karriere, nicht meine Gesundheit. Liebe Fans, ich habe gesehen, wie einige von Ihnen geweint haben. Blumen habe ich von Ihnen am nächsten Tag bekommen, Schokolade, Briefe und viel Zuspruch. Vielen Dank dafür. Jedesmal, wenn ich mir in Zukunft die Handschuhe zum Boxen überziehen werde, habe ich meine sportliche Aufgabe im Sinn und meine Fans im Herzen. Das kann ich Ihnen versprechen: Mit Ihrer Hilfe werde ich noch stärker zurückkommen.

Boxen ist archaisch. Ein Kampf Mann gegen Mann. Oder, seltener, aber zunehmend, Frau gegen Frau. Ein Minimum an Regeln. Blut. Schweiß. Tränen. Es geht um Leidenschaft. Darum sind viele Intellektuelle Boxfans, darum schreiben viele Dichter über den Faustkampf. Zum Beispiel Bertolt Brecht, der 1925 seine Erzählung „Der Kinnhaken" veröffentlichte, 1926 einen angefangenen Boxerroman namens „Das Renommee" Fragment sein ließ und dafür 1927 sein Langgedicht „Gedenktafel für 12 Weltmeister" vollendete. Brecht lässt Sätze los, die einschlagen wie Jabs und Uppercuts:

Dies ist die Geschichte der Weltmeister im Mittelgewicht
Ihrer Kämpfe und Laufbahnen
Vom Jahre 1891
Bis heute.

Ich beginne die Serie im Jahre 1891 –
Der Zeit rohen Schlagens
Wo die Boxkämpfe noch über 56 und 70 Runden gingen
Und einzig beendet wurden durch den Niederschlag –
Mit BOB FITZSIMMONS, dem Vater der Boxtechnik
Inhaber der Weltmeisterschaft im Mittelgewicht [...]

So geht es weiter, Strophe um Strophe. Bumm, bumm, bumm. Auch Joseph Roth, Erich Kästner, Jurek Becker und Wolf Wondratschek schrieben übers Boxen. Und in Amerika, klare Sache, nahmen sich die Testosteronautoren Ernest Hemingway und Norman Mailer des Themas an. Warum Boxen der Lieblingssport der Intelligenz ist? Beim Boxen gewinnt nicht immer der Stärkere, nicht immer der technisch Bessere. Beim Boxen kann man zu Boden gehen, obwohl man dem Gegner haushoch überlegen ist. Ein Sekundenbruchteil Unaufmerksamkeit, ein Lucky Punch können genügen, damit der vermeintlich schwächere Gegner einen Kampf umdreht und für sich entscheidet.

Diese bittere Erfahrung machte Wladimir Klitschko, „Dr. Steelhammer", heute Weltmeister dreier Boxverbände und die unangefochtene Nummer eins im Schwergewicht. Es war der 8. März 2003 in Hannover, angesetzt war ein Kampf um den Weltmeistertitel der WBO gegen Corrie Sanders. Der 37-jährige Südafrikaner galt als trainingsfaul. Kein Fallobst, aber ein Gegner zweiter Wahl, dachten alle. Dachte vielleicht Klitschko selbst.

Es kam anders: Hannover wurde Wladimir Klitschkos Waterloo. Nur eine Niederlage hatte der ukrainische Boxstar bis dahin in seiner Profizeit einstecken müssen,

WLADIMIR KLITSCHKO an seine Fans

und die lag Jahre zurück. Klitschko stieg als Favorit in den Ring, aber das Schicksal ließ ihn an diesem Abend im Stich. Die erste Runde war fast vorbei, da ging ein gut platzierter Konter direkt an Klitschkos Kinn. Es war jener besagte Sekundenbruchteil, den Corrie Sanders nutzte, um seinen Treffer zu landen. Klitschko strauchelte und fiel. Sanders legte nach, vier Mal ging der ukrainische Boxprofi insgesamt zu Boden, vier Mal wurde er angezählt, bevor der Kampf schließlich in der zweiten Runde abgebrochen wurde. Sanders, der gealterte Boxer, dem nur Außenseiterchancen bescheinigt worden waren, siegte durch technischen K. o.

Durch die Niederlage war der WBO-Weltmeistertitel für Klitschko in weite Ferne gerückt. Und er hatte bei seinen Fans an Ansehen verloren. Boxen ist archaisch, und Boxen ist oft ungerecht. Für den Sportler wie für den Zuschauer. Wer den Weg in eine Box-Arena macht, erwartet viel für sein Geld. Er will einen spannenden Kampf erleben und natürlich dabei sein, wenn sein Favorit als Sieger aus dem Ring steigt. Selbst wer sich zu Hause mit Bier und Chips auf einen Fernsehabend eingestellt hat, will seinen Boxer nicht schon nach kurzer Zeit aufgeben sehen. Wladimir Klitschkos Dreieinhalb-Minuten-Kampf gegen Sanders erfüllte keine der Erwartungen.

Doch ein großer Sportler zeichnet sich nicht nur durch seinen sportlichen Erfolg aus. Was zählt, was hängen bleibt, ist menschliche Größe. Wladimir Klitschko zeigte am Tag nach dem Kampf, wie viel er davon besaß. Er entschuldigte sich mit einem offenen Brief bei seinen Fans für die schwache Leistung. Er bedankte sich bei denen, die mit ihm geweint hatten, ihm am nächsten Tag Blumen, Briefe und Geschenke schickten. Und er beendete seinen Brief mit einem leidenschaftlichen Versprechen: Er werde seine Fans bei jedem Kampf im Herzen haben.

Klitschko hätte auf die Geste verzichten können. Jeder hat das Recht auf einen schlechten Tag, selbst ein Leistungssportler. Nur wird das viel zu oft vergessen. Klitschko war es wichtig, seinen Fans zu zeigen, wie viel sie ihm bedeuten. Der Boxer durchbrach damit das klassische Gefälle zwischen gut bezahltem Promisportler und seinem Publikum. Er begegnete seinen Anhängern auf Augenhöhe und zeigte, dass er, wie er richtig schreibt, auch nur ein Mensch ist.

Wladimir Klitschko hat nie wieder gegen Sanders geboxt. Das war auch nicht nötig. Wofür hat man große Brüder? Für die Ehrenrettung sorgte Vitali Klitschko. Ein gutes Jahr nach Wladimirs Niederlage, am 24. April 2004, besiegte er Corrie Sanders in Los Angeles. Wladimir Klitschko wird es eine Genugtuung gewesen sein.

Wladimir Klitschko nahm sich sein Versprechen an seine Fans zu Herzen: Nach der Niederlage gegen Sanders verlor er zwar noch einmal, 2004 gegen Lamon Brewster. Danach gewann Klitschko alle seine 14 weiteren Kämpfe – auch den Rückkampf gegen Brewster – und ist seit nunmehr über sechs Jahren ungeschlagen. Klitschko siegte meist vorzeitig. Auch wenn ein Aufeinandertreffen selten über zwölf Runden ging: Seine Fans waren trotzdem glücklich.

WLADIMIR KLITSCHKO wurde am 25. März 1976 in Semipalatinsk, Kasachstan, als Sohn eines ukrainischen Offiziers und einer Pädagogin geboren. Wladimir Klitschko begann mit 14 Jahren zu boxen. Er machte als Amateur schnell Karriere. Bei den Olympischen Spielen in Atlanta 1996 gewann er die Goldmedaille im Superschwergewicht. Seine beeindruckende Bilanz als Amateurboxer: 112 Kämpfe, davon nur sechs Niederlagen. Nach Olympia wurde Klitschko Profiboxer. Seither hat er zahlreiche Titel verschiedener Boxverbände gewonnen. Der Linksausleger gilt als einer der technisch besten Boxer und derzeit bester Schwergewichtler.

Parallel zu seiner Sportkarriere studierte Wladimir Klitschko Sportwissenschaften und Philosophie an der Universität von Perejaslaw-Chmelnyzkyj (Ukraine) und promovierte 2001. 2007 gründete er mit seinem Bruder Vitali die Vermarktungsagentur „Klitschko Management Group GmbH" (KMG). Ebenfalls gemeinsam mit seinem Bruder engagierte sich Wladimir Klitschko 2004 in der ukrainischen Demokratiebewegung der „orangen Revolution". Darüber hinaus engagieren sich die Brüder in verschiedenen Wohltätigkeitsorganisationen und wurden für ihren Einsatz von der UNESCO ausgezeichnet. Wladimir Klitschkos Hobby ist die Zauberei. Mit seinen Zaubertricks begeisterte der Schwergewichtsboxer das Publikum bei diversen Fernsehauftritten.

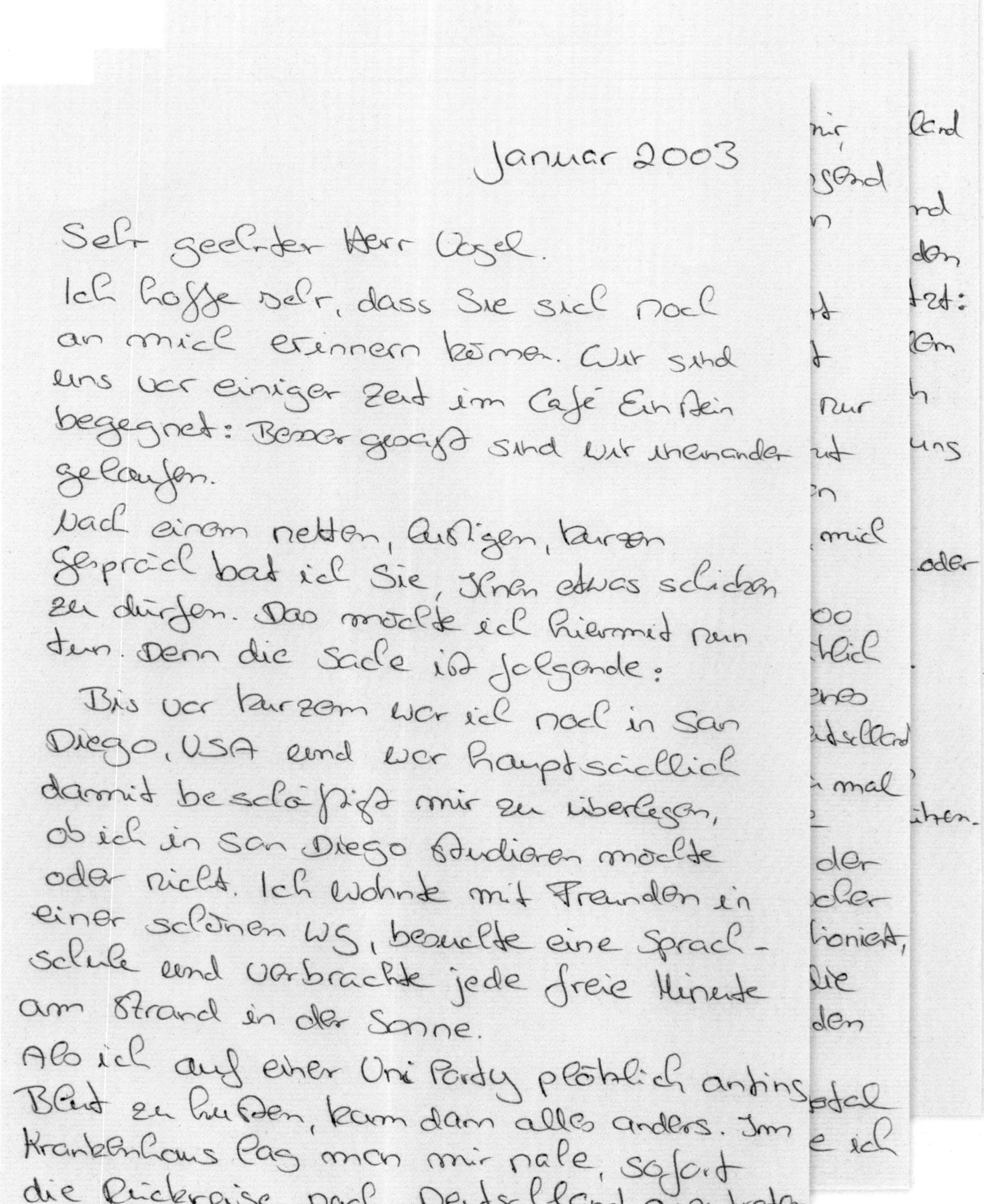

Januar 2003

Sehr geehrter Herr Vogel.

Ich hoffe sehr, dass Sie sich noch an mich erinnern können. Wir sind uns vor einiger Zeit im Café Einstein begegnet: Besser gesagt sind wir ineinander gelaufen.

Nach einem netten, lustigen, kurzen Gespräch bat ich Sie, Ihnen etwas schicken zu dürfen. Das möchte ich hiermit nun tun. Denn die Sache ist folgende:

Bis vor kurzem war ich noch in San Diego, USA und war hauptsächlich damit beschäftigt mir zu überlegen, ob ich in San Diego studieren möchte oder nicht. Ich wohnte mit Freunden in einer schönen WG, besuchte eine Sprach-schule und verbrachte jede freie Minute am Strand in der Sonne.

Als ich auf einer Uni Party plötzlich anfing Blut zu husten, kam dann alles anders. Im Krankenhaus lag man mir nahe, sofort die Rückreise nach Deutschland anzutreten

CLAUDIA KOTTER an Jürgen Vogel

Januar 2003

Sehr geehrter Herr Vogel.
Ich hoffe sehr, dass Sie sich noch an mich erinnern können. Wir sind uns vor einiger Zeit im Café Einstein begegnet: Besser gesagt sind wir ineinander gelaufen.

Nach einem netten, lustigen, kurzen Gespräch bat ich Sie, Ihnen etwas schicken zu dürfen. Das möchte ich hiermit nun tun. Denn die Sache ist folgende:

Bis vor kurzem war ich noch in San Diego, USA und war hauptsächlich damit beschäftigt mir zu überlegen, ob ich in San Diego studieren möchte oder nicht. Ich wohnte mit Freunden in einer schönen WG, besuchte eine Sprachschule und verbrachte jede freie Minute am Strand in der Sonne.

Als ich auf einer Uni Party plötzlich anfing Blut zu husten, kam dann alles anders. Im Krankenhaus lag man mir nahe, sofort die Rückreise nach Deutschland anzutreten. Dort angekommen eröffnete man mir, dass ich ganz schnell und sehr dringend lungentransplantiert werden müsste, wenn ich weiterleben wollte.

Ich bin 22 Jahre alt. Das alles ist jetzt fast fünf Monate her. Nun lebe ich mit Freunden in einer Berliner WG. Denn nur an der Charité, in Zusammenarbeit mit dem Deutschen Herzzentrum hat man sich dazu entschlossen, es zu wagen, mich zu transplantieren.

Wissen Sie, dass in Deutschland 12.000 Menschen auf ein Organ warten und jährlich ca. 1000 Menschen sterben, weil sie keines bekommen? Wussten Sie, dass es in Deutschland keine Institution gibt, die das Thema mal so richtig aufklärt vor allem junge Menschen informiert und einem bei der Entscheidungsfindung hilft? Denn woher soll ich wissen wie Organspende funktioniert, wenn es mir keiner erklärt? Ich finde die Frage, ob man überhaupt Organe spenden möchte sehr komplex.

Nach dem ersten Schock, mein Leben total auf den Kopf gestellt zu sehen habe ich immer mehr Interesse daran, die mangelnde Aufklärung in Deutschland anzugehen.

Gemeinsam mit meiner Familie und Freunden wollen wir einen Verein gründen der sich genau damit auseinandersetzt: Organspende in Deutschland vor allem bei jungen Menschen aufzuklären. Mein Standpunkt wäre es dabei, die Betonung dieser Aufklärungsarbeit darauf zu legen, dass jeder sich frei entscheiden können muss, ob er Organe spenden möchte oder nicht. Denn ich glaube, dass es genau diese Entscheidung ist, auf die es ankommt.

Ich würde mich riesig freuen von Ihnen zu hören, denn vielleicht können Sie unser und mein Vorhaben unterstützen.

Ihnen alles Liebe,
Ihre,
Claudia Kotter

Die Erfolgskomödie „Keinohrhasen" hat einen fulminanten Start: Til Schweiger gibt den Boulevardreporter Ludo. Jürgen Vogel spielt sich selbst. Aber wie. Sein Erkennungszeichen, die markanten Zahnlücken, sind für die Rolle grellweiß verkleidet. Vogel tritt solariumsgedunkelt auf. Seine blonde Langhaarfrisur hat etwas vom jungen Jürgen Marcus. Im Interview mit Ludo schwadroniert er ständig über seine neuen Ideale: den kalifornischen Körperkult und generell die Oberflächlichkeit. Am Schluss der Szene führt er tänzelnd seine neuen Silikon-Implantate vor. Arschbacken-Implantate. Reporter Ludo sitzt einem Schwindel auf. Später im Film stellt sich heraus, dass Vogels Auftritt, tja, eine einzige Verarsche war.

Was der Filmzuschauer aus der Szene mitnimmt: Vogel ist cool, witzig und sehr selbstironisch. Ein toller Schauspieler und ein Komödiant. Aber das Leben ist keine Komödie. Nicht immer.

Szenenwechsel und ein paar Jahre zurück. Dezember 2002. Claudia Kotter betritt das Café Einstein in Berlin für ein Treffen mit einer Organisation, die sich mit dem Thema Organspende befasst. Claudia Kotter ist Betroffene. Sie leidet an Sklerodermie, einer seltenen Krankheit, bei der sich das Bindegewebe verhärtet. Betroffen ist die Haut, bei manchen Patienten verhärten sich zusätzlich innere Organe. Bei Claudia Kotter ist die Lunge betroffen.

Normalerweise erkranken Menschen an Sklerodermie, wenn sie die 50 hinter sich gelassen haben. Bei Claudia Kotter ist das anders. Sie ist sieben Jahre alt, als bei ihr die Krankheit diagnostiziert wird. Und die Ärzte stellen ihren Eltern die Prognose, dass ihre Tochter keine 18 Jahre alt würde. Ihren 18. Geburtstag feiert Claudia Kotter groß, wie jedes Mädchen, das nun volljährig ist. Dass sie die düstere Prophezeiung Lügen gestraft hat, daran denkt sie nicht.

Wie lebt jemand mit dieser Krankheit, mit dieser Prognose? Claudia Kotters Weg: Als Schulkind lernt sie für die Schule, paukt Vokabeln und mathematische Formeln, wie jeder andere auch. Sie macht Klassenausflüge mit, wie jeder andere auch. Sie macht Abitur, geht nach San Diego, will dort studieren, lernt Leute kennen. Der Unterschied: Claudia Kotter wartet auf ein Spenderorgan, weil eine Lungentransplantation die einzige Möglichkeit ist, zu leben.

Im Café Einstein läuft sie unabsichtlich in den Schauspieler Jürgen Vogel hinein. Claudia Kotter ist zierlich, sehr zierlich. Jürgen Vogel ist Thaiboxer. Claudia Kotter meint, ihn von irgendwoher zu kennen. Dass ihr sein Gesicht von der Leinwand vertraut ist, wird ihr erst einen Moment später klar. Jürgen Vogels Kommentar zum Rempler: „Na, schlechte Nacht gehabt?" Claudia Kotter findet den Satz und Vogels Verhalten unmöglich. Antwortet mit: „Ja, vielleicht." Jeder Dialogautor würde für so ein Skript gefeuert. Es scheint, als wäre die Angelegenheit damit erledigt.

Doch Claudia Kotters Verabredung im Einstein läuft nicht gut, aus dem Augenwinkel beobachtet sie Vogel und sieht, dass auch er sich sein Treffen anders vorgestellt

CLAUDIA KOTTER verfasste ihren Lebenslauf selbst: Ich bin am 1. September 1980 in Frankfurt am Main geboren, in Mainz aufgewachsen und in Wiesbaden zur Schule gegangen. Während der Schulzeit habe ich schon immer soziale Projekte unterstützt. Ich wollte Medizin studieren, und als klar war, dass das nicht gehen wird, habe ich mit einem BWL-Studium angefangen. Damit wollte ich eine Grundlage schaffen, um später im Bereich Krankenhaus-Management zu arbeiten oder eine eigene Stiftung zu gründen. Das Thema Organspende spielte zu diesem Zeitpunkt noch keine Rolle. Dann kam alles anders. Und letzten Endes entstand aus der neuen Situation heraus „Junge Helden".

Ich reise gerne, habe in recht jungem Alter doch schon viel von der Welt gesehen. Ich habe ein paar Monate in den USA gelebt. Ich mache gerne und viel Sport. Ich interessiere mich für Fotografie und schreibe gerne. Das wichtigste in meinem Leben sind mir meine Familie und die Menschen, die ich liebe. Das Wohl anderer liegt mir sehr am Herzen, und ich bin der Meinung, dass jeder von uns eine Verantwortung für unsere Gesellschaft trägt. Meine Position zum Thema Organspende ist: Entscheidend ist nur die Entscheidung.

hat. Sie begegnen sich nochmals auf dem Weg zum Klo. Claudia Kotter macht irgendeinen Spruch, Jürgen Vogel lacht. Dann der dritte Anlauf: Beim Verlassen des Cafés fragt Claudia Kotter Jürgen Vogel, ob sie ihm einmal etwas schicken dürfe. Sie möchte ihm ihre Initiative vorstellen. Eine Initiative, die dazu beitragen soll, das Thema Organspende zu enttabuisieren. Vogel gibt ihr einen Zettel mit der Nummer seiner Agentur. Claudia Kotter schreibt diesen Brief.

Und jetzt? Sagt Jürgen Vogel spontan zu, sein Gesicht auf Zeit einer Initiative zu leihen? Arbeiten nun Werbeagenturen pro bono eine Kampagne aus – und nach zwei turbulenten Wochen ist alles vorbei und erledigt?

Nein. Jürgen Vogel reagiert erst einmal gar nicht. Trotzdem passiert etwas. Denn in der Millionenstadt Berlin laufen sich Claudia Kotter und Jürgen Vogel noch einmal über den Weg. Zufall? Claudia Kotter glaubt nicht daran: „Wir sind uns so ähnlich, haben so ähnliche Vorstellungen vom Leben, dass wir uns zwangsläufig noch einmal begegnen mussten." Auch im urbanen Ameisenhaufen Berlin. Nur hat sich diesmal der Gesundheitszustand Claudia Kotters verschlechtert. Sie geht trotzdem noch gerne aus. Allerdings ist sie inzwischen häufig in der Charité – und wartet dort auf ein Spenderorgan. Selbst in der Klinik müht sie sich um Normalität. Sie hat einen Bikini in ihrer Krankenhaustasche und als Dauergast der Charité dort eine Terrasse entdeckt. Wenn ihre Freundinnen zu Besuch kommen, haben sie ebenfalls ihre Bikinis dabei. Die jungen Frauen sonnen sich gemeinsam.

Bei dem erneuten Aufeinandertreffen von Claudia Kotter und Jürgen Vogel entsteht Freundschaft. Echte Freundschaft, die sich daran zeigt, dass Jürgen Vogel in seiner drehfreien Zeit immer wieder ins Krankenhaus kommt, einfach so, um dort seine Freundin Claudia Kotter zu besuchen. Oder daran, dass sich die beiden Briefe schreiben.

Die Geschichte hat ein Happy End: In letzter Sekunde erhält Claudia Kotter ein Spenderorgan. Die Transplantation gelingt, Claudia Kotter hat seither eine Lebensperspektive. Ihre Geschichte hat sie in ihrem 2010 erschienenen Buch mit dem Titel „Gute Nacht, bis morgen" niedergeschrieben. Darin die beeindruckende Passage:

Und seither werden mir immer wieder dieselben Fragen gestellt: „Wie haben Sie das geschafft, Frau Kotter?", „Genießen Sie nun jede Sekunde Ihres Lebens?", „Haben Sie niemals Angst?"
Doch, ich hatte und habe oft Angst. Und nein, ich bin natürlich nicht unverwundbar; ich wurde schon oft körperlich und seelisch verletzt. Doch ich antworte meist gar nicht ernsthaft auf solche Fragen, denn um diese geht es in meinem Leben nicht. Kein Mensch kann jede Sekunde seines Lebens bewusst genießen.

Claudia Kotter hat vor der Lungentransplantation gearbeitet und ihre Arbeit danach fortgesetzt. Im Kern ihrer Arbeit steht „Junge Helden", ein gemeinnütziger eingetragener Verein, eine Aufklärungsinitiative, die das Thema Organspende aus der Tabuzone holen will. Claudia Kotter macht also genau das, was sie schon in ihrem ersten Brief an Jürgen Vogel angekündigt hat. Und Jürgen Vogel gibt natürlich, als Freundschaftsdienst, den prominenten Botschafter für „Junge Helden", in Kinokampagnen, im Netz auf „www.junge-helden.org" und auf einem Aufsteller. Dort ist auf einem Foto Jürgen Vogel zusammen mit seinen Schauspielerkolleginnen Nora Tschirner und Loretta Stern zu sehen. In der Mitte des Aufstellers ist eine Box, aus der man sich einen Organspenderausweis ziehen kann. Auf dem Aufsteller steht in großen Lettern: „Entscheidend ist nur die Entscheidung."

JÜRGEN VOGEL kam am 29. April 1968 in Hamburg auf die Welt. Die Mutter war Hausfrau, der Vater schlug sich als Bergarbeiter, Kranfahrer und Kellner durch. Vogel wuchs zusammen mit zwei Schwestern und einem Bruder im kleinbürgerlichen Hamburger Viertel Schnelsen auf und zog schon mit 15 daheim aus.

Auch schon mit 15 gab Vogel 1984 sein Kinodebüt in der Rolle eines verwahrlosten Straßenjungen in Volker Maria Arends „Kinder aus Stein". 1985 besuchte er in München eine private Schauspielschule, blieb dort aber nur einen Tag lang. Vogel ist Autodidakt und Instinktschauspieler. Der Durchbruch gelang ihm mit Sönke Wortmanns Komödie „Kleine Haie" im Jahr 1992. Seither hat Vogel in einer Vielzahl von Film- und Fernsehproduktionen gespielt und wird von der Kritik vor allem für die Glaubwürdigkeit der verkörperten Charaktere gefeiert. Vogel ist Vater von fünf Kindern und lebt in Berlin-Charlottenburg.

10.8.1910 5

Mittwoch

Mein Walter.

Ich arbeite. Gustav bat
mich gestern, meine Lieder
vor mir vorzuspielen
– ich that es – sie gefielen
ihm so gut, dass er mir
sofort einige verdorbene
Dinge als Lehrer tadelte u.
mir ~~[illegible]~~ vorschlug, dass er ~~die~~
die Hefte zusammenstellen
will und der Universal-
edition in Wien übergeben.
(zum Druck) Alles das ist
mir eine grosse Freude. –
Ich fühle plötzlich, was
ich die Jahre her – alles
entbehrt habe!! —
Er will alles gut machen
– mich auf Händen
tragen – er ist ganz verrückt.

[10.8.1910]

Mittwoch

Mein Walter.

Ich arbeite. Gustav bat mich gestern, ihm Lieder von mir vorzuspielen – ich that es – sie gefielen ihm so gut, dass er mir sofort einige wertvolle Dinge als Lehrer sagte u. mir vorschlug, dass er ein Heft zusammenstellen wird und der Universal-Edition in Wien übergeben. (Zum Glück) Alles das ist mir eine große Freude. – Ich fühle plötzlich, was ich die Jahre her – alles entbehrt habe!! –

Er will alles gut machen – mich auf Händen tragen – er ist ganz verrückt. Ich muss nun sehen, ob ich dieses Leben, solange wenigstens ertragen kann – bis ich Dich – d. h. bis Du mich rufen wirst. Bis Du so fertig und selbststehend in der Welt bist, dass ich Dir mit allen Freuden folge – und Du ohne jede Angst mich heimführen kannst. Ich liebe Dich! –

Ich werde die Zeit dazu verwenden – vorwärts zu kommen – weiter – immer weiter, so, dass wir uns Schulter an Schulter wiederfinden. So herrlich, so einzig – wie es gewesen ist!

Du – mein Glück! –
Deine Braut
Alma

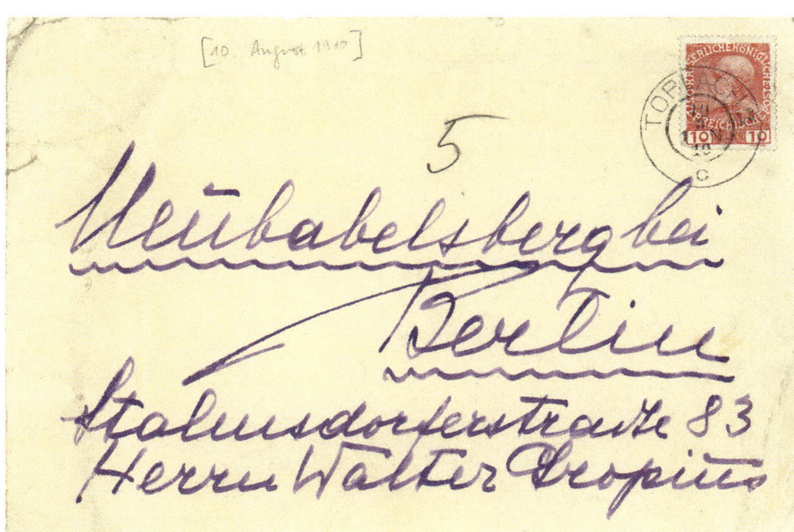

ALMA MAHLER an Walter Gropius

Deine Braut", schrieb Alma am 10. August 1910 an ihren Walter, und: „Ich liebe Dich!" Dabei war sie doch mit Gustav verheiratet, der sie auf Händen tragen wollte.

Szenen einer Ehe. Oder besser: Szenen einer skandalösen Dreiecksgeschichte. Aufgezeichnet in Briefform. Und dieser Brief ist vergleichsweise harmlos. Es gab einen zweiten Brief, einen sehr viel schlimmeren. Einen, der falsch adressiert und am 29. Juli 1910, also zwölf Tage vorher, geöffnet wurde. Dieser alles zersprengende Brief würde den hier abgedruckten Liebesbrief (und viele andere auch) um Längen schlagen. Nur ist er nicht überliefert. Aus verständlichen Gründen.

Das zusammen ergibt eine so starke Geschichte, dass Percy Adlon und sein Sohn Felix Adlon daraus gemeinsam einen Kinofilm gemacht haben, der im Juli 2010, zum 150. Geburtstag Gustav Mahlers, in die Kinos kam. „Mahler auf der Couch" heißt er. Der Film beginnt mit dem Hinweis: „Dass es geschah, ist verbürgt. Wie es geschehen ist, haben wir erfunden."

Wer den Film gesehen hat, ist längst im Bilde. Wer nicht, für den sei – ohne Erfindung und fiktionales Hinzutun – das Drama des Sommers 1910 aufgerollt.
In den Hauptrollen:
Gustav Mahler, das Musikgenie (der Ehemann)
Walter Gropius, ein junger Mann und kommendes Architekturgenie (der Liebhaber)
Alma Mahler (die männerverschlingende Schönheit)
In einer Nebenrolle tritt auf:
Sigmund Freud, Vater der Psychoanalyse

Sommer 1910. Die Mahlers waren aus New York nach Wien zurückgekehrt. Die 1902 geschlossene Ehe stand von Beginn an unter keinem guten Stern. Aber nun kriselte es gewaltig, aus vielerlei Gründen. Grundsätzlich ist es nicht einfach, mit einem Genie verheiratet zu sein. Aber es gab noch andere Faktoren.

Da war zunächst der enorme Altersunterschied von 19 Jahren. 1910 war Gustav Mahler 49 und herzkrank, seine Frau stand dagegen mit 30 in der Blüte ihrer Jahre. Außerdem war Alma unzufrieden mit ihrer Rolle als Ehefrau und Mutter. Sie hatte vor ihrer Eheschließung selbst komponiert. Für ihren konservativen Mann aber lag eine ebenfalls komponierende Ehefrau außerhalb seiner Vorstellungskraft, sie musste ihr Musikschaffen notgedrungen aufgeben. Schwer erträglich war auch der eheliche Alltag. Während Alma Mahler das gesellschaftliche Leben genoss, hatte ihr Mann für Zerstreuungen wenig übrig. Vielmehr war Gustav Mahler ein Workaholic. Um keine Zeit zu vergeuden, hatte er seinen Tag minutengenau durchgeplant – oder, um im Bild der Musik zu bleiben: durchgetaktet. Für eine Lebenspartnerin kann das auf Dauer nervtötend sein.

Dann gab es noch einen weiteren, tiefer liegenden Grund für die Ermüdungserscheinungen in der Ehe. So genial Gustav Mahler als Komponist war, war er doch rückwärtsgewandt. Während Arnold Schönberg, Alban Berg und Anton Webern ab 1908 die Musik mit freier Atonalität revolutionierten, hielt Gustav Mahler als Vollender der Spätromantik – mit Ausnahme weniger Stellen seiner unvollendeten zehnten Sinfonie – an Dur und Moll fest. Gustav Mahler stand an der Schwelle zur Neuen Musik, überschritten hat er diese aber nie. Alma Mahler indessen war in allem, was sie tat und dachte, progressiv, modern und in die Zukunft gerichtet.

Kein Wunder, dass auch im Bett zwischen den beiden nichts mehr lief. Dabei war Alma Mahler eine leidenschaftliche Frau, Sex war ihr wichtig. Knapp 22-jährig, am 24. Juli 1901, fantasierte sie in ihrem Tagebuch: „Mich dürstet nach Vergewaltigung! – Wer immer es auch sei!" Und ebenfalls in ihrem Tagebuch ist zu lesen, wie die beiden, Alma und Gustav, in der Silvesternacht 1901 und damit wenige Tage nach ihrer Verlobung das erste Mal miteinander schliefen: „Er gab mir seinen Leib zur Verfügung – u. ich ließ seine Hand gewähren. Steif und in aller Pracht stand sein Leben. Er brachte mich zum Sopha, legte mich liebreich hin und schwang sich über mich. Da – im Moment, wo ich ihn eingehen fühlte, verlor er alle Kraft. Erschlagen lag er an meinem Herzen – er

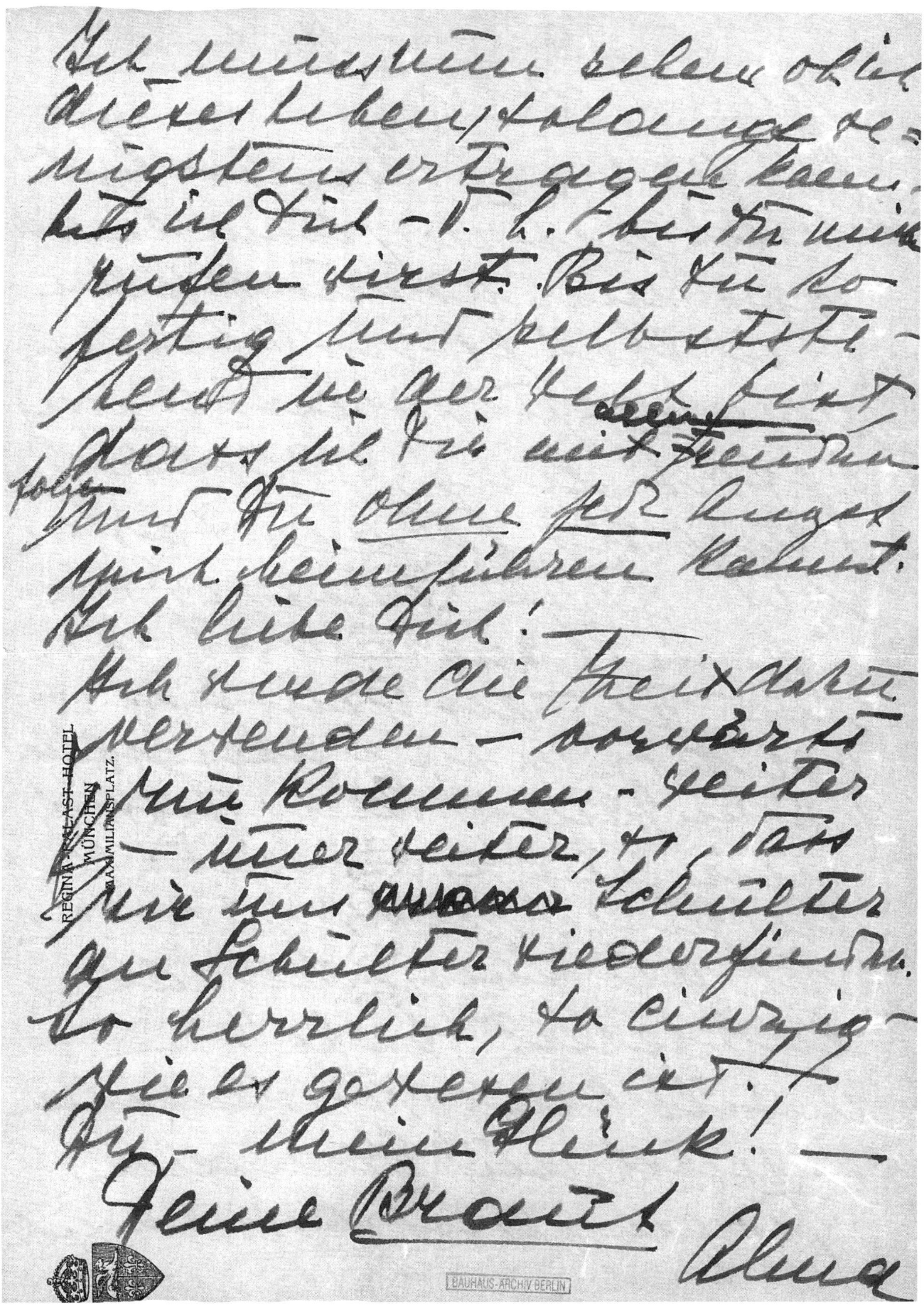

Ich müsste nun sehen ob ich
dieses Lebensverlangen ver=
mögstens ertragen kann.
bis ich Dich – d. h. bis Du mich
rufen wirst. Bis Du so
fertig und selbststän=
dig in der Welt bist,
dass ich Dir mit Freuden
und Du ohne Schwankungen
mich heimführen kannst.
Ich liebe Dich! —
Ich werde die Zeitschrift
versenden – vorwärts
wir kommen – weiter
— immer weiter, so dass
wir uns Schulter
an Schulter wiederfinden.
So herrlich, so einzig
wie es gewesen ist. —
Du – mein Glück! —
Deine Braut
Alma

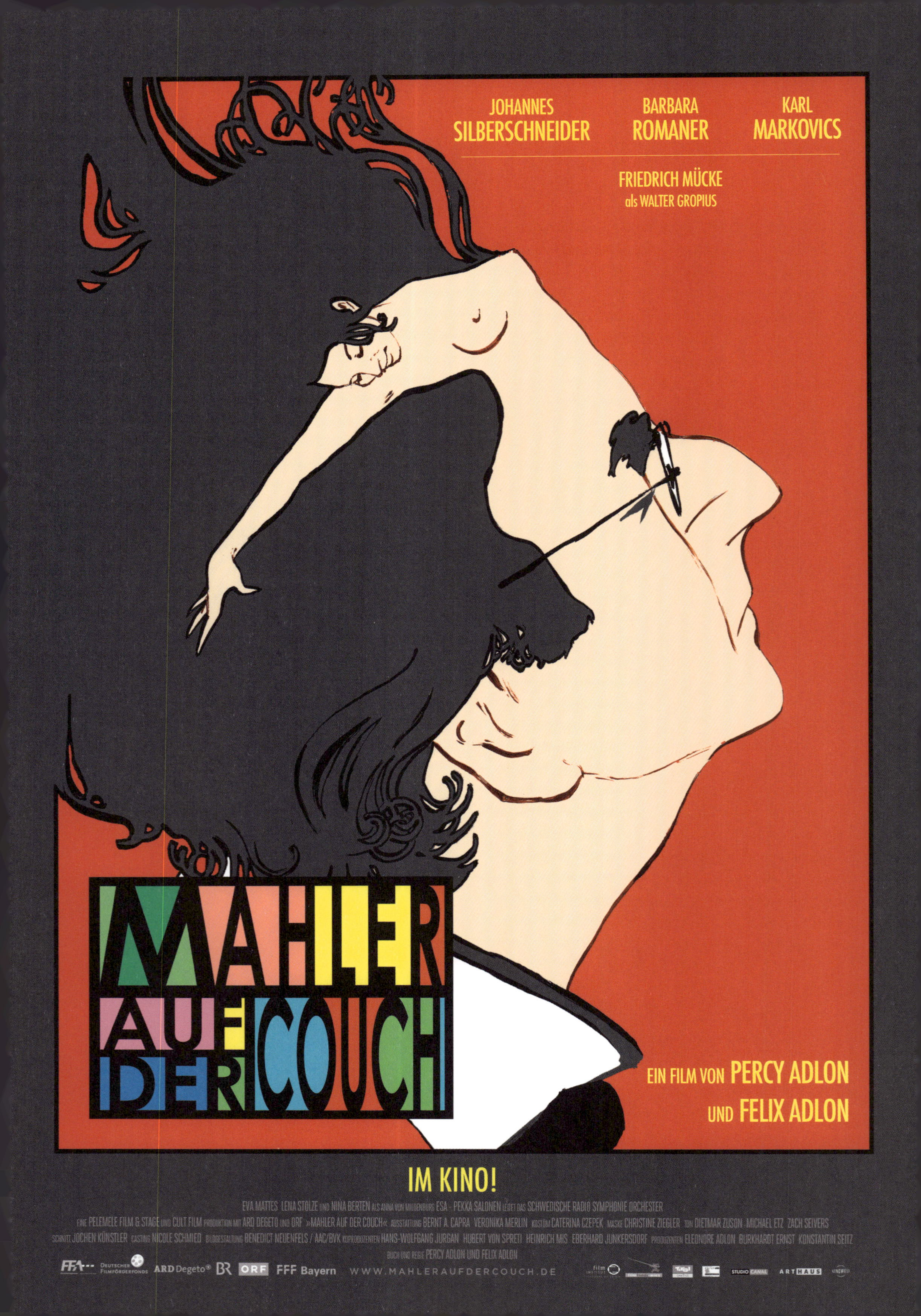

JOHANNES SILBERSCHNEIDER
BARBARA ROMANER
KARL MARKOVICS
FRIEDRICH MÜCKE
als WALTER GROPIUS
MAHLER AUF DER COUCH
EIN FILM VON PERCY ADLON
UND FELIX ADLON
IM KINO!
EVA MATTES LENA STOLZE UND NINA BERTEN ALS ANNA VON MILDENBURG ESA - PEKKA SALONEN LEITET DAS SCHWEDISCHE RADIO SYMPHONIE ORCHESTER
EINE PELEMELE FILM & STAGE UND CULT FILM PRODUKTION MIT ARD DEGETO UND ORF »MAHLER AUF DER COUCH« AUSSTATTUNG BERNT A. CAPRA VERONIKA MERLIN KOSTÜM CATERINA CZEPEK MASKE CHRISTINE ZIEGLER TON DIETMAR ZUSON MICHAEL ETZ ZACH SEIVERS
SCHNITT JOCHEN KÜNSTLER CASTING NICOLE SCHMIED BILDGESTALTUNG BENEDICT NEUENFELS / AAC/BVK KOPRODUZENTEN HANS-WOLFGANG JURGAN HUBERT VON SPRETI HEINRICH MIS EBERHARD JUNKERSDORF PRODUZENTEN ELEONORE ADLON BURKHARDT ERNST KONSTANTIN SEITZ
BUCH UND REGIE PERCY ADLON UND FELIX ADLON
WWW.MAHLERAUFDERCOUCH.DE

weinte fast vor Scham." Aber kurz darauf klappte es offenbar besser. „Wonne über Wonne", schrieb Alma ins Tagebuch.

Doch von der sexuellen Erfüllung der Anfangszeit war im Jahr 1910 nichts mehr zu spüren. Nach der Geburt zweier Kinder, nach dem Tod der älteren Tochter Maria im Jahr 1907 – das Mädchen starb an Diphterie –, nach Fehlgeburten (oder waren es Abtreibungen?) wandte sich Gustav Mahler von seiner Frau ab.

Im Sommer 1910 war Alma Mahler erschöpft, enttäuscht, fix und fertig. Außerdem hing sie an der Flasche – ihre Droge hieß Bénédictine. Am 1. Juni 1910 brachte Gustav Mahler seine Frau daher zur Kur nach Tobelbad bei Graz, einem in Mode gekommenen Kurort.

Dort traf sie auf Walter Gropius, einen damals 27 Jahre alten, aufstrebenden Architekten, einen groß gewachsenen, gut aussehenden, klugen jungen Mann. Es kam, wie es kommen musste. Ganz Klischee: Walter Gropius wurde Alma Mahlers Kurschatten.

Der Ehemann bekam von der Leidenschaft zunächst nichts mit. Er schickte ihr Briefe und Telegramme aus Wien, Leipzig und München. Zum Geburtstag seiner Frau ließ er ein Diadem anfertigen. Aber Alma schrieb nur noch spärlich zurück. Mahler schwante etwas. Am 21. Juni 1910 schrieb er: „Verbirgst Du mir etwas? Denn ich glaube immer etwas zwischen den Zeilen herauszufühlen." Am 30. Juni schließlich reiste Mahler selbst nach Tobelbad, um nach dem Rechten zu sehen. Er fand seine „Almschi" richtig aufgeblüht vor. Beruhigt reiste er wieder ab, um auf dem Trenkerhof, einem Berghotel im Südtiroler Pustertal, an seiner zehnten Sinfonie zu schreiben. Dort traf auch seine Frau Mitte Juli ein. Allerdings war sie durchaus bereit, ihr heimliches Liebesverhältnis mit Gropius aufrechtzuerhalten. Verabredet war, dass Gropius ihr postlagernd schrieb.

Am 29. Juli aber war es vorbei mit der Heimlichkeit. Mahler saß am Klavier, las seine Post und öffnete einen Brief. Adressiert war er an „Herrn Direktor Mahler". Geschrieben und aufgegeben hatte ihn Walter Gropius.

GUSTAV MAHLER wurde am 7. Juli 1860 im böhmischen Dörflein Kalischt (heute tschechisch Kaliště u Humpolce) geboren. Er entstammte einer jüdischen Familie, die eine Weinbrennerei betrieb. Der Vater war ein gewalttätiger Mensch und schlug seine Frau derart, dass diese eine bleibende Gehbehinderung davontrug. Mit vier Jahren erlernte Gustav Mahler das Akkordeonspiel und erhielt kurz darauf Klavierunterricht. Mit der Musikerkarriere ging es Schlag auf Schlag: Mit zehn trat er erstmals öffentlich als Pianist auf, mit zwölf spielte er virtuos anspruchvollste Stücke, mit 15 Jahren studierte er in Wien Klavier und Komposition. 1880 wurde er mit 20 Jahren Kapellmeister. Er tingelte durch verschiedene europäische Städte und bekam immer bedeutendere Engagements, bis er 1888 Königlicher Operndirektor in Budapest wurde. Nach weiteren Engagements, etwa in Hamburg, und Gastspielreisen galt er um die Jahrhundertwende als einer der bekanntesten und besten Orchesterleiter Europas.

Mit seiner Stellung als erster Kapellmeister und Hofoperndirektor in Wien, die er zwischen 1897 und 1907 innehatte, erreichte Mahler ein weiteres Karriereziel und konnte mit den besten zeitgenössischen Orchestermusikern und Sängern arbeiten. In dieser Wiener Zeit konvertierte Mahler zum Katholizismus, ein Zugeständnis an seine antisemitische Umwelt. Als Dirigent war Mahler epochal, zum Komponieren blieb daher wenig Zeit. Obwohl er ungewöhnliche Instrumente forderte, etwa Kuhglocken, Hämmer oder Mandolinen, blieb er in seiner Melodik doch spätromantisch. 1908 verließ Gustav Mahler mit seiner Familie Wien und nahm ein Engagement an der Metropolitan Opera an, wo er – obwohl er immer wieder nach Europa zurückkehrte – bis zu seinem Tod unter Vertrag stand. Am 21. Februar 1911 dirigierte Mahler in New York sein letztes Konzert. Er war zu diesem Zeitpunkt schon sehr krank. Die Ärzte vermuteten eine Grippe, in Wahrheit litt Mahler aber unter einer bakteriellen Entzündung des Herzens. Mahler reiste zurück nach Europa und suchte dort ärztliche Hilfe – vergebens. Der Komponist starb am 18. Mai 1911 in Wien.

ALMA MAHLER an Walter Gropius

ALMA MAHLER, geborene Schindler, kam am 31. August 1879 in Wien zur Welt. Die schöne und hochtalentierte Frau war das „Künstlergroupie" des frühen 20. Jahrhunderts. Berühmte Männer pflasterten ihren Weg. Schon Gustav Klimt stieg der 17-Jährigen nach, gab ihr den ersten Kuss ihres Lebens. Anschließend ging sie mit dem Komponisten Alexander von Zemlinsky eine Liebesbeziehung ein. Er wollte sie heiraten, ihr aber missfiel sein „jüdisches Aussehen". Zur selben Zeit warb Gustav Mahler um sie, die beiden wurden ein Paar – obwohl Alma sich am Körpergeruch Mahlers störte. Die beiden heirateten am 9. März 1902. Nach dem Tod Gustav Mahlers und der spektakulären Affäre mit Walter Gropius ging sie 1912 mit dem expressionistischen Maler Oskar Kokoschka eine Liebesbeziehung ein und wurde schwanger. Das Kind ließ sie im Oktober 1912 abtreiben, Kokoschka war entsetzt. Dennoch ließ er, ohne Alma zu fragen, 1913 das Aufgebot bestellen. Es kam zum Streit. Die Liebesbeziehung ging dennoch bis 1915 weiter. Als Kokoschka sich freiwillig zum Fronteinsatz meldete, wandte Alma sich wieder ihrem früheren Liebhaber Walter Gropius zu. Die beiden heirateten am 18. August 1915, obwohl sie Gropius als förmlichen Preußen im Vergleich zu ihrer „Hitze" „lau" und „fad" fand – und außerdem unbedeutend, schließlich stand er erst am Beginn seiner Karriere. Eine gemeinsame Wohnung mit ihrem zweiten Ehemann hatte sie nie. Auch Gropius wurde eingezogen. Ihm schrieb sie an die Front: „Wenn dieser Brief Dich verleitet, mit der erlauchten Hand Dein süßes Glied zu berühren, dann schicke mir wenigstens, was mir gehört davon, und ich gebe es in mich – so ist es nicht verloren." Ziemlich unanständig. 1916 wurde Alma schwanger von Gropius, am 5. Oktober 1916 kam Manon zur Welt.

Im November 1917 lernte Alma Franz Werfel kennen, und obwohl sie in ihr Tagebuch schrieb: „Werfel ist ein O-beiniger, fetter Jude mit wülstigen Lippen und schwimmenden Schlitzaugen!", ging sie mit dem elf Jahre jüngeren expressionistischen Dichter ins Bett. Im Dezember 1917 kam Gropius auf Fronturlaub nach Wien, Alma war bald darauf schwanger und wusste nicht, von wem das Kind war. Im August 1918 bekam Gropius durch ein beiläufig mitgehörtes Telefonat mit, dass nun er der gehörnte Ehemann war. Ihm erging es genauso wie Gustav Mahler. Den Sohn mit dem unbekannten Vater brachte Alma Mahler 1918 auf die Welt, das Kind starb im Säuglingsalter. Alma Mahler machte die „minderwertige Rasse" des einen mutmaßlichen Erzeugers, Werfel war Jude, dafür verantwortlich. Nach dem Tod des Kindes bat Alma Gropius um die Scheidung, die am 11. Oktober 1920 ausgesprochen wurde. Alma ging daraufhin eine Dauerbeziehung zu

Der Inhalt aber, der richtete sich eindeutig an Alma: Liebesschwüre, Intimitäten, detaillierte Schilderungen von dem, was da alles wenige Tage und Nächte zuvor geschehen war. Frei ab 18, denn die beiden, das steht an anderer Stelle geschrieben, hatten nicht nur Blümchensex. Der Brief ist nicht überliefert. Wohl aber lässt sich aus Alma Mahlers Erinnerungen sogar die Reaktion des gehörnten Ehemanns rekonstruieren: „Was ist das?", soll er mit erstickter Stimme gerufen und dann den Brief seiner Frau gereicht haben.

Bis heute ist ungeklärt, wie und warum der Brief an Alma Mahler in den Umschlag an deren Ehemann kam. Ein Versehen? Dann wäre Walter Gropius wohl der dümmste Loverboy aller Zeiten gewesen. Und der Mann hat immerhin Häuser gebaut. Wahrscheinlicher ist, dass Gropius mit dem Brief ganz bewusst Fakten schaffen wollte. Die schuf er auch, aber anders als gedacht.

Zunächst reagierte der Ehemann gekränkt und geknickt – und verarbeitete den Betrug in seiner Arbeit an der zehnten Sinfonie. In diesem Fragment ist alles zu hören: der Betrug, die Wut, das Erinnern an bessere Zeiten. Und erstmals und einmalig wird der Spätromantiker Mahler atonal. Ebenfalls herauszuhören ist der Wunsch nach Versöhnung – an einer Stelle ruft ein lang gezogenes Trompeten-A laut und eindringlich „Alma". Aber Mahler schrieb seine Seelenqual nicht nur in Noten nieder, sondern auch in Worten. Auf dem Manuskript zu lesen sind immer wieder Worte und Satzfetzen: „Almschi!" – „Inferno" – „Der Teufel tanzt es mit mir!"

Und Alma? Sie schrieb auch nach der Entdeckung Liebesbriefe an Gropius, nannte sich darin seine Braut. Aber zuletzt blieb sie doch bei ihrem Ehemann. Denn nun begann das Paar miteinander zu reden und kam damit offenbar ein Stück weiter, um die Beziehung aufzuarbeiten und zu retten. Und als diese Mittel ausgeschöpft waren, reagierte das Paar ganz modern und begab sich in Therapie. Der Therapeut war standesgemäß: Sigmund Freud. Vier Stunden lang dauerte die Kurzanalyse Mahlers. Darin ging es nicht nur um die Ehe, sondern, typisch

für die Psychoanalyse, um frühkindliche Erinnerungen, die als Ursache der Eheprobleme herhalten mussten. Freud hielt die Analyse in wenigen Sätzen fest:
„Wir haben in höchst interessanten Streifzügen durch sein Leben seine Liebesbedingungen, insbesondere seinen Marienkomplex (Mutterbindung) aufgedeckt. Ich hatte Anlaß, die geniale Verständnisfähigkeit des Mannes zu bewundern. Auf die symptomatische Fassade seiner Zwangsneurose fiel kein Licht. Es war wie wenn man einen einzigen, tiefen Schacht durch ein rätselhaftes Bauwerk graben würde."

Nach dieser Therapie kümmerte sich Gustav Mahler rührend um seine Frau, widmete ihr seine achte Sinfonie und schenkte ihr die Aufmerksamkeit, die sie brauchte. Dafür blieb Alma bei ihm, bis Gustav Mahler am 18. Mai 1911 an einer bakteriellen Herzkrankheit starb. Gropius war abgemeldet - einstweilen. Die besten Geschichten erfindet das Leben.

Hat die Geschichte von Alma Mahler und Walter Gropius eine Fortsetzung? Ja. Sie kriegten sich später – und auch wieder nicht. Sie heirateten – und ließen sich bald wieder scheiden. Ein klein wenig mehr steht in der Vita Alma Mahlers und in ihrer Autobiografie. Wobei: Dort widmete sie ihrer Ehe mit dem Bauhausgründer gerade mal zwei Druckseiten.

Werfel ein, die beiden heirateten am 6. Juli 1929. Die Ehe war wieder turbulent, aber erstaunlicherweise hielt sie. Alma Mahler-Werfel begleitete ihren Mann ins Exil. Franz Werfel starb am 26. August 1945 in den USA. Nach Franz Werfels Tod vereinsamte Alma. Unstet zog sie um die Welt. 1958 veröffentlichte sie ihre Autobiografie. Am 11. Dezember 1964 starb Alma Mahler-Werfel in New York.

Die Nachwelt rühmte sie als große Muse und Salonière und schmähte sie in einem Atemzug als Künstlerflittchen. Die Schriftstellerin Claire Goll, Ehefrau des Dichters Yvan Goll, schrieb einmal: „Wer Alma Mahler zur Frau hat, muss sterben." Nur: Alma Mahler kam nicht als männermordende Femme fatale auf die Welt. Sie wurde in einer Zeit, in der jahrhundertealte Verklemmungen plötzlich aufbrachen, dazu gemacht. Hätte sich ein Mann so verhalten, er wäre bewundert worden. Komisch: Die deutsche Sprache kennt keine männliche Entsprechung zu „Schlampe".

WALTER GROPIUS wurde am 18. Mai 1883 in Berlin geboren. Von 1903 bis 1907 studierte er an den Technischen Hochschulen München und Berlin, brach sein Studium aber ohne Diplom ab und arbeitete danach bis 1910 als Assistent des Architekten Peter Behrens in Neubabelsberg bei Berlin. Danach machte sich Gropius als Architekt und Industriedesigner selbstständig. Er entwarf Inneneinrichtungen, Tapeten, Serienmöbel, Autokarossen und sogar eine Diesellokomotive. Bekannt und berühmt aber wurde er durch seine architektonischen und städteplanerischen Arbeiten: Gropius ist *der* deutsche Architekt des Neuen Bauens. Im Ersten Weltkrieg wurde Gropius als Stabsoffizier an der Front schwer verwundet. 1919 wurde er zum Direktor der Großherzoglich-Sächsischen Hochschule für Bildende Kunst in Weimar ernannt und gab der neuen Schule den Namen „Staatliches Bauhaus in Weimar". Sein Grundsatz: Zweckmäßigkeit, Licht, Luft, Sonne und Wohnruhe – sichtbar etwa in der 1929 und 1930 errichteten Siemensstadt in Berlin.

Als das Bauhaus in Weimar nicht mehr erwünscht war, zog es 1925 nach Dessau um. Dort schuf Gropius das neue Bauhausgebäude und die Meisterhäuser für seine Künstler, Höhepunkte seines Bauens in Deutschland. 1928 gab er die Leitung des Bauhauses ab, das 1933 von den Nationalsozialisten geschlossen wurde. 1934 emigrierte Gropius nach England und zog 1937 in die USA, wo er bis 1952 als Professor für Architektur an der „Graduate School of Design" der Harvard University lehrte und eine ganze Architektengeneration beeinflusste. Zu Gropius' späten Arbeiten gehören die Universität in Bagdad und die neue Porzellanfabrik der Firma Rosenthal in Selb. Walter Gropius starb am 5. Juli 1969 in Boston.

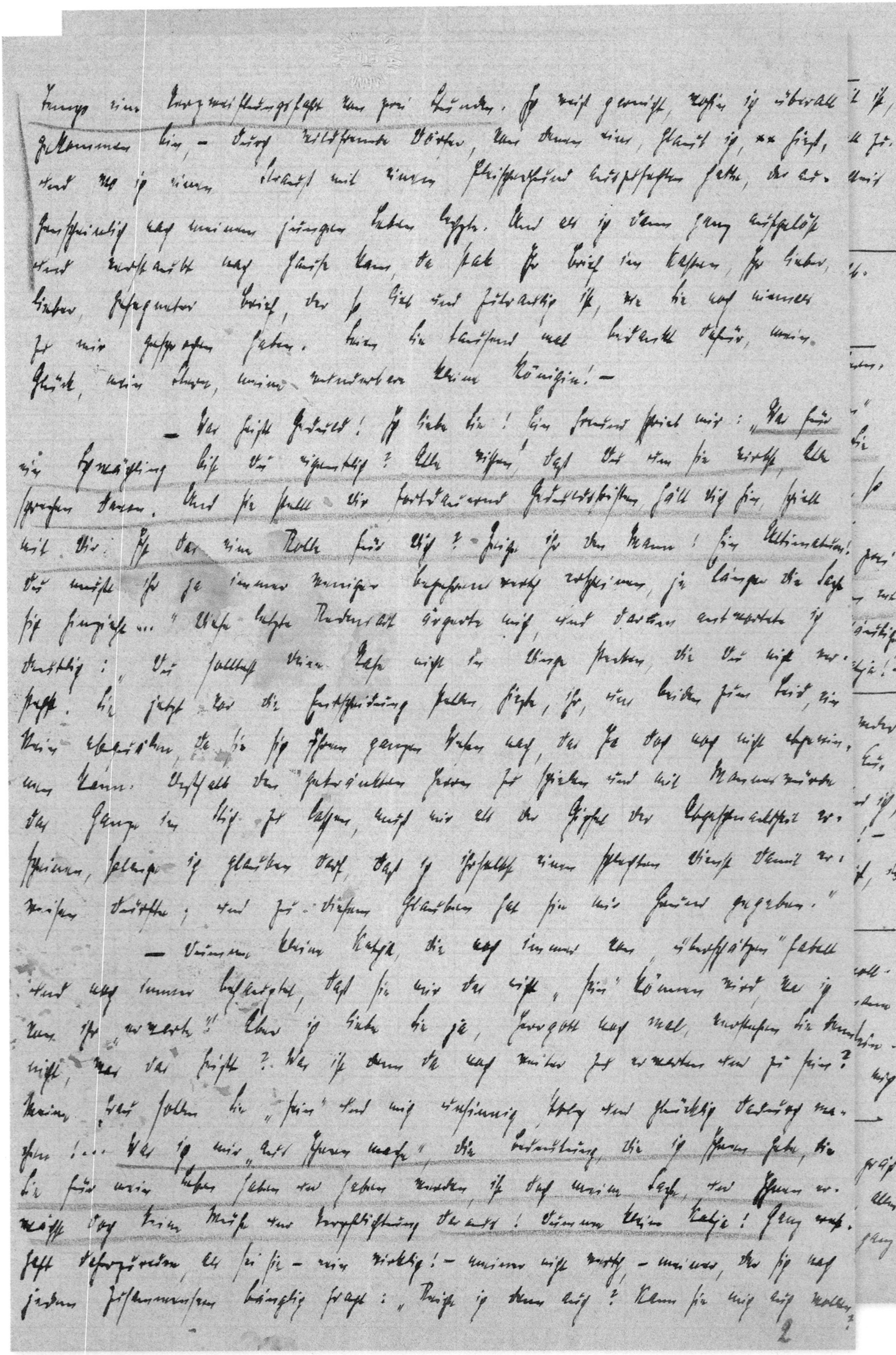

THOMAS MANN an Katia Pringsheim

Ende Juni 1904

[...] – Was heißt Geduld! Ich liebe Sie! Ein Freund schrieb mir: „Was für ein Schwächling bist Du eigentlich? Alle wissen, daß Du um sie wirbst, alle sprechen davon. Und sie stellt Dir fortdauernd Geduldsfristen, hält Dich hin, spielt mit Dir. Ist das eine Rolle für Dich? Zeige ihr den Mann! Ein Ultimatum! Du mußt ihr ja immer weniger begehrenswerth erscheinen, je länger die Sache sich hinzieht ...“ Diese letzte Redensart ärgerte mich, und darum antwortete ich deutlich: „Du sollst Deine Nase nicht in Dinge stecken, die Du nicht verstehst. Sie jetzt vor die Entscheidung stellen, hieße, ihr, uns beiden zum Leid, ein Nein abquälen, da sie sich ihrem ganzen Wesen nach, das Ja doch noch nicht abgewinnen kann. Deßhalb den gekränkten Herrn zu spielen und mit Manneswürde das Ganze im Stich zu lassen, muß mir als der Gipfel der Abgeschmacktheit erscheinen, solange ich glauben darf, daß ich ihrselbst einen schlechten Dienst damit erweisen würde; und zu diesem Glauben hat sie mir Grund gegeben.“

– Dumme kleine Katja, die noch immer von „überschätzen“ fabelt und noch immer behauptet, daß sie mir das nicht „sein“ können wird, was ich von ihr „erwarte“! Aber ich liebe Sie ja, Herrgott noch mal, verstehen Sie denn nicht, was das heißt? Was ist denn da noch weiter zu erwarten und zu sein? Meine Frau sollen Sie „sein“ und mich unsinnig stolz und glücklich dadurch machen! ... Was ich mir „aus Ihnen mache“, die Bedeutung, die ich Ihnen gebe, die Sie für mein Leben haben und haben werden, ist doch meine Sache, und Ihnen erwächst doch keine Mühe und Verpflichtung daraus! Dumme kleine Katja! Ganz ernsthaft daherzureden, als sei sie – nein wirklich! – meiner nicht werth, – meiner, der sich nach jedem Zusammensein bänglich fragt: „Reiche ich denn auch? Kann sie mich auch wollen? Bin ich ihr nicht zu täppisch, zu unweltlich, zu sehr „Dichter“(fürst)? [...]

Auch wenn hier, „Herrgott noch mal", von Liebe die Rede ist: Es geht um etwas anderes. Im klassischen Sinn verliebt war Thomas Mann in Katia Pringsheim wohl nicht. Und umgekehrt wird es ähnlich gewesen sein. Katia Pringsheim und Thomas Mann hatten eine der merkwürdigsten Beziehungen in der Literaturgeschichte. Das eigentümliche Verhältnis begann bereits mit dem Werben. Thomas Mann, mit den „Buddenbrooks" zu einigem Ruhm gekommen, bemühte sich intensiv, auch in Briefform, um die „dumme kleine Katja". Natürlich wusste der Schriftsteller, was er in seinem Brautwerbebrief schrieb und trieb. Erst machte er sie dumm und klein, um sich dann selbst und freiwillig auf dieses Maß zurechtzustutzen – damit beide ebenbürtig wirkten. Das ist raffiniert gedacht und raffiniert formuliert. Das ist Mann'sche Ironie, wie sie auch aus seinen Romanen spricht.

So klein und dumm, wie Thomas Mann sie beschrieb, war Katia Pringsheim selbst mit ihren erst 20 Jahren nicht. Im Gegenteil. Sie war selbstständig und selbstbewusst. Als erste Frau hatte sie 1901 in München das Abitur gemacht. Gymnasialbildung war bis dahin nur den Söhnen vorbehalten gewesen. Ihr Studium der Mathematik und Physik an der Universität München konnte sie nur mit einer Sondererlaubnis als Privatstudierende aufnehmen, erst ab 1903 war Frauen in Bayern das reguläre Studium erlaubt. Studieren mochte nun gerade so angehen, aber dass eine *verheiratete* Frau studierte, war gegen alle Regeln. Katia Pringsheim wusste also, was sie mit einer Verehelichung aufgeben würde – all ihre Ambitionen. Vielleicht zierte sie sich deshalb und widerstand lange dem Werben Thomas Manns. Schließlich willigte sie doch ein, gab ihre Studien auf und heiratete den Schriftsteller im Februar 1905. Bereits neun Monate später kam das erste Kind zur Welt, über die Jahre folgten fünf weitere.

Welche Rolle Sex in dieser langen und kinderreichen Ehe spielte? Keine einfache. Thomas Mann fühlte sich, das ist hinreichend belegt, zu Männern hingezogen. 1920 notierte er seine „Dankbarkeit gegen K., weil es sie in ihrer Liebe nicht im geringsten beirrt oder verstimmt, wenn sie mir schließlich keine Lust einflößt und wenn das Liegen bei ihr mich nicht in den Stand setzt, ihr Lust, d. h. letzte Geschlechtslust zu bereiten". Er unterdrückte seine Homosexualität zugunsten einer bürgerlichen Existenz. Und Katia? Hatte sie es, wenn es schon in ihrer Ehe an der geschlechtlichen Lust haperte, wenigstens kuschlig? Auch das wollte sie nicht. In ihren Briefen kommentierte sie das Wort „Zweisamkeit" stets mit einem verächtlichen „Pfui!".

Fotos dokumentieren, dass sich Katia Mann mit den Jahren immer burschikoser kleidete. Möglicherweise

Katharina (genannt Katia) Pringsheim wurde am 24. Juli 1883 in Feldafing bei München als Tochter des Mathematikers Alfred Pringsheim und der Schauspielerin Hedwig Pringsheim geboren. Ihre Großmutter war die Schriftstellerin und Frauenrechtlerin Hedwig Dohm. **KATIA PRINGSHEIM** stammte aus buchstäblich großbürgerlichem Hause. Die Münchner Villa in der Arcisstraße 12, in der ihre Familie ab dem Jahr 1890 wohnte, maß 1500 Quadratmeter. Die Pringsheims waren eine der angesehensten Familien Münchens, der Salon Hedwig Pringsheims war legendär. Trotz ihrer Herkunft war der Zugang zu höherer Bildung für Katia schwierig. Sie erhielt ab dem siebten Lebensjahr Privatunterricht und legte 1901 als erste Frau in München das Abitur ab. 1904 lernte Katia Pringsheim Thomas Mann kennen, sie galt damals als eine der besten Partien der Stadt. Mann warb schnell sehr offensiv um sie, doch sie ließ sich mit ihrer Entscheidung Zeit. Am 11. Februar 1905 fand die Hochzeit statt. Sie brach ihr Studium ab, konzentrierte sich in den folgenden Jahren auf den Haushalt und unterstützte ihren Mann bei seiner schriftstellerischen Tätigkeit als Beraterin. In 15 Jahren brachte Katia Mann sechs gemeinsame Kinder zur Welt. In ihrem Buch „Meine ungeschriebenen Memoiren" veröffentlichte Katia Mann 1974 ihre Lebenserinnerungen, in denen sie sich selbst als „unbekannte Größe" im Leben von Thomas Mann bezeichnete. Nach dem Tod von Thomas Mann blieb Katia Mann in der Schweiz. Sie überlebte nicht nur ihren Mann, sondern auch drei ihrer eigenen Kinder. Katia Mann starb am 25. April 1980 in Kilchberg bei Zürich im Alter von 95 Jahren.

versuchte sie, Thomas Manns Vorlieben mit einer androgynen Ästhetik entgegenzukommen. Während Katia Mann äußerlich erst mit der Zeit herbere Züge annahm, war sie in ihrem Wesen schon von klein auf nicht bereit, dem weiblichen Stereotyp der Zeit zu entsprechen. Ihr Eindringen in die Männerdomäne der Universität ist nur ein Beleg dafür. Auch in ihrem Auftreten war Katia forsch und entschlossen. Thomas Mann suchte vielleicht unbewusst dieses maskuline Element in Katia. Jedenfalls war ihre Ehe mehr als ein bürgerliches Alibi und auch mehr als Kameradschaft.

Ihre Rolle als Frau an Thomas Manns Seite, als Herrin über den Haushalt und als Erzieherin der Kinder erfüllte Katia Mann mit fanatischem Eifer. Dennoch blieb sie für die eigenen Kinder eine ambivalente Figur: Katia Mann erschien mitunter als dominantes Familienoberhaupt mit überzogenen Ansprüchen und konnte gleichzeitig äußerst liebevoll und großzügig sein. In ihrem aufopferungsvollen Wirken für die Familie mobilisierte sie immense Kraftreserven, kränkelte jedoch auch oft und stand mehrfach vor dem Zusammenbruch. Einschränkungen akzeptierte sie nur schwer, die Ungeduld war einer ihrer dominanten Wesenszüge. Ihr diktatorischer Umgang mit den zahlreichen Dienstboten war legendär. In Warteschlangen drängelte sie sich gerne vor, mit der Begründung, sie sei „Frau Thomas Mann". Als ihr im Alter der Führerschein entzogen wurde, weil sie eine allzu ungeduldige und unfallträchtige Fahrerin war, setzte sie sich lange Zeit vehement dagegen zur Wehr. Zuletzt musste sie doch auf das Taxi umsteigen. Aber auch als Fahrgast waren ihr Unterordnung und Trödelei zuwider: Wurde ihr die Wartezeit an einer roten Ampel zu lang, setzte sie gerne ihren Krückstock als Argument ein, um den Taxifahrer zum Losfahren zu nötigen. Und: So herrisch, wie sie sich gegenüber ihrem Umfeld verhielt, so stahlhart erzog sie ihre sechs Kinder.

Wie ihr Sohn Golo Mann berichtet, soll Katia Mann kurz vor ihrem Tod den Grund für ihre Einwilligung in die Ehe gestanden haben: „Geheiratet habe ich nur, weil ich Kinder haben wollte." Die Manns: Hier eine Frau, die sich ausschließlich zu Fortpflanzungszwecken verheiratet hatte. Und da ein Mann – darüber können alle Liebesschwüre nicht hinwegtäuschen –, der seine sexuellen Vorlieben zugunsten einer bürgerlichen Existenz verdrängte, sich von seinen Kindern distanzierte, sich aus allen Erziehungsdingen heraushielt, so gut er nur konnte.

„Meine Frau sollen Sie ‚sein' und mich unsinnig stolz und glücklich dadurch machen!" Zwischen dem romantischen Gesäusel in Thomas Manns Brief lässt dieser Satz etwas von dem aufscheinen, was später zur Realität im Hause Mann werden sollte, in dem fast alles dem literarischen Schaffen und dem Ansehen des Vaters untergeordnet wurde. Für Gefühle war da eher kein Platz.

THOMAS MANN wurde am 6. Juni 1875 in Lübeck in großbürgerlichen Verhältnissen geboren. 1894 trat er eine Stelle als Volontär in einem Versicherungsunternehmen an, folgte aber schon 1896 seinem Bruder Heinrich nach Italien und blieb für zwei Jahre dort. 1901 erschien sein erster Roman „Buddenbrooks" – der Beginn seiner Karriere als Schriftsteller. 1905 heiratete Thomas Mann Katharina „Katia" Pringsheim, seine heute als gesichert geltende Homosexualität lebte er nie offen aus. Aus der Ehe gingen sechs Kinder hervor, darunter die Schriftstellerin und Schauspielerin Erika Mann, der ebenfalls als Schriftsteller erfolgreiche Klaus Mann und der Historiker Golo Mann. 1929 erhielt Thomas Mann für „Buddenbrooks" den Literaturnobelpreis. 1933 ging der Schriftsteller im Anschluss an eine Auslandsreise ins Exil: zunächst nach Frankreich, dann in die Schweiz. Noch vor Beginn des Zweiten Weltkriegs zog Thomas Mann mit seiner Familie weiter in die USA, wo er sich in den folgenden Jahren in der antifaschistischen Bewegung engagierte. Nach dem Krieg kehrte er in die Schweiz und zu regelmäßigen Besuchen nach Deutschland zurück. Thomas Mann starb am 12. August 1955 in Zürich.

Bremen, Wachtstr. 43.
D. 14. Aug. 1903.

Mein lieber Mann,

Grundstimmung bei mir ist: „Und sie saßen an den Wasserbächen und weineten, wenn sie an die Heimat gedachten."

Länger als Sonntag hätte ich es in dieser Verbannung nicht ausgehalten. Hunderttausend Gespräche und doch kein einziges ordentliches, befriedigendes bis auf den Grund. – Wie ich die Reise nach unserm Worpsweder Paradis herbeisehne. Der morgige Tag wird mir noch

Bremen, Wacht Str. 43
D. 14. Aug. 1903.

Mein lieber Mann,

Grundstimmung bei mir ist: „Und sie saßen an den Wasserbächen und weineten, wenn sie an die Heimat gedachten."

Länger als Sonntag hätte ich es in dieser Verbannung nicht ausgehalten. Hunderttausend Gespräche und doch kein einziges ordentlichen, befriedigendes bis auf den Grund. – Wie ich die Reise nach unserm Worpsweder Paradis herbeisehne. Der morgige Tag wird mir noch sehr lange werden. Was Du wohl während dessen machst, Du glücklicher Adam? Heute Abend ist wohl Kurt bei Dir und giebt Dir Kunde, daß es Elsbeth ganz fidel und gut geht. In acht nehmen müssen wir uns zwar in der ersten Zeit in Worpswede tüchtig.

Herma habe ich den Kuß von Dir gegeben und sie konnte gehn und humpeln und begleitet uns wahrscheinlich am Sonntag mit nach Worpswede, um noch ein wenig frische Luft zu schnappen. Wie ich mich sehne. Weißt Du, dieses die Zeit hinbringen mit lauter Dingen, die einen nicht ins Himmelreich bringen, ist furchtbar. Ich wollte doch Elsbeth zehntausendmal lieber draußen gepflegt haben.

Mein eines Hängeauge ist glaube ich mittlerweile schon auf die Backe gerutscht. Gruße Else und sage ihr, ich hätte vergessen zu schreiben, daß sie mein weißes Kleid, was bei der schmutzigen Wäsche ist, waschen und wenn es noch geht plätten möge.

Birkenwasser habe ich für Dich besorgt. Morgen kommen nun noch zu Vervollständigung Deiner Schönheit die Kragen an die Reihe.

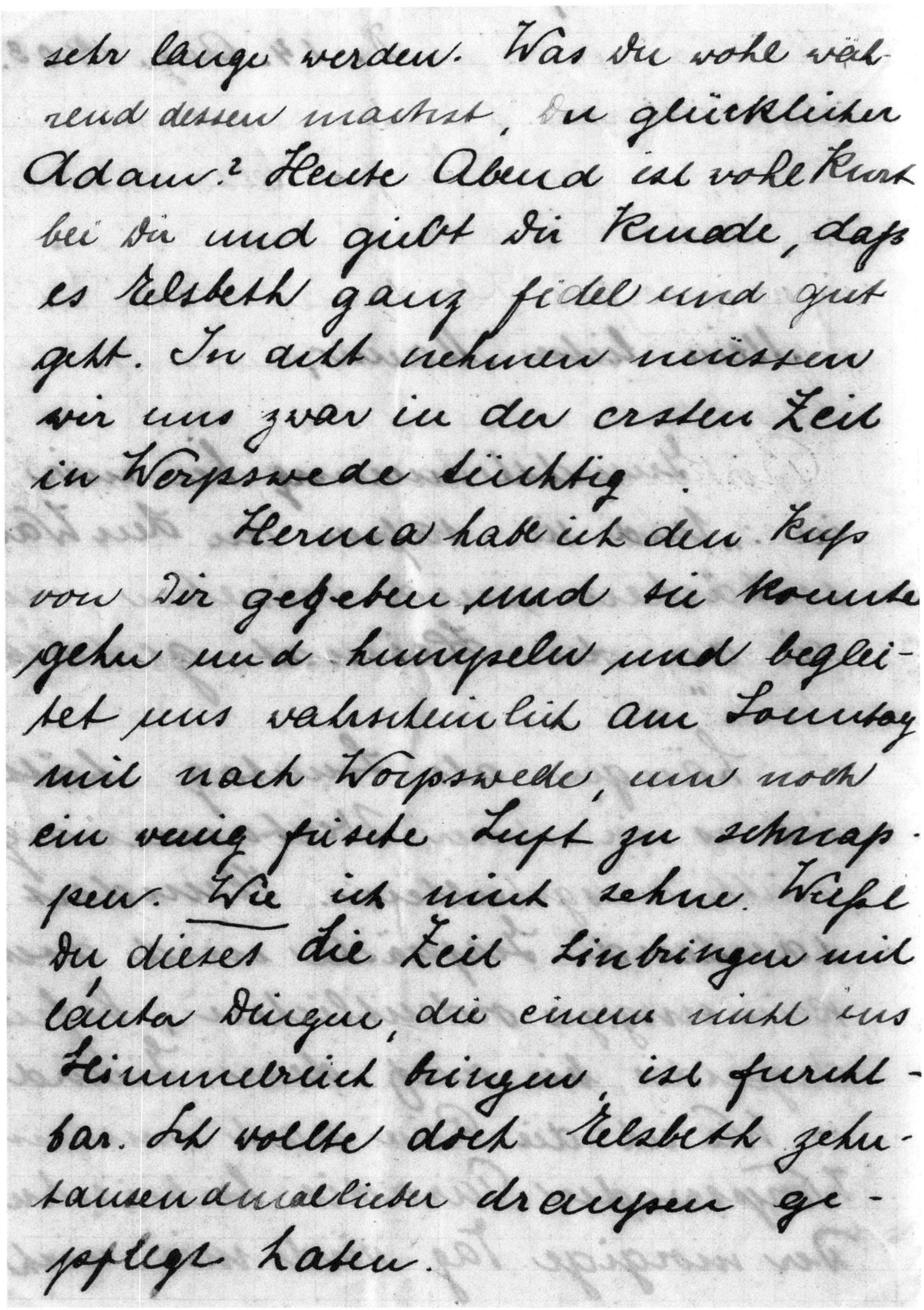

sehr lange werden. Was du wohl während dessen machst, du glücklicher Adam? Heute Abend ist wohl Kurt bei Dir und giebt Dir Kunde, daß es Elsbeth ganz fidel und gut geht. In acht nehmen müssen wir uns zwar in der ersten Zeit in Worpswede richtig.

Herma habe ich den Kuß von Dir gegeben und sie konnte gehen und humpeln und begleitet uns wahrscheinlich am Sonntag mit nach Worpswede, um noch ein wenig frische Luft zu schnappen. Wie ich mich sehne. Weißt du dieses die Zeit hinbringen mit lauter Dingen, die einem nicht ins Himmelreich bringen, ist furchtbar. Ich wollte doch Elsbeth zehntausendmal lieber draußen gepflegt haben.

Auf die Wenzeläuser Gedichte bin ich sehr gespannt. Die Dinge stehen ja sehr traurig für sie, aber eigentlich auch für uns, wenn die Mutter ganz den Weyer Berg heimsuchen will.

Ich danke Dir für Deinen lieben Brief und habe ein ganz krankes Verlangen nach unserm kleinen Stillen Haus und dem Gärtelein. Wenn ich doch morgen durchschlafen könnte

Ich liebe Dich herzinniglich und danke Dir aus tiefstem Seelengrunde, daß Du Otto Modersohn aus Worpswede bist.

Deine Paula.

Weißt Du, ich habe wieder das, kranke Vogelgefühl.

Neulich traf ich auf der Straße den schwarzen Garmann. So trübe ist mein Dasein, daß der sogar licht wirkte.

Also auf Wiedersehn Sonntag mit Kücks Karosse.

Bremen ab 10 ^{30}

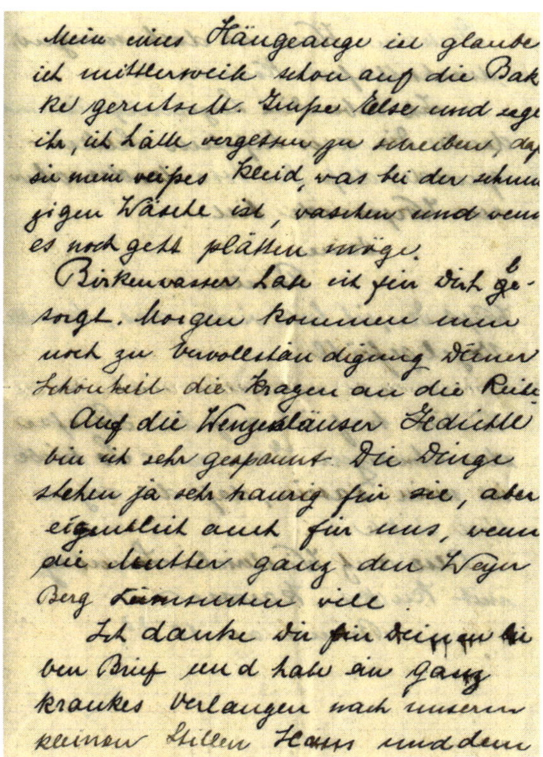
Mein eines Hängeauge ich glaube
ich mittlerweile schon auf die Bak
ke gerutscht. Grüße Else und sage
ihr, ich hätte vergessen zu schreiben, daß
sie mein weißes Kleid, was bei der schmu
tzigen Wäsche ist, waschen und wenn
es noch geht plätten möge.
Birkenwasser habe ich für Dich be-
sorgt. Morgen kommen wir
noch zu Vervollständigung Deiner
Schönheit die Kragen an die Reihe.
Auf die Wenzeläuser Gedichte
bin ich sehr gespannt. Die Dinge
stehen ja sehr traurig für sie, aber
eigentlich auch für uns, wenn
die Mutter ganz den Weyer
Berg heimsuchen will.
Ich danke Dir für Deinen lie
ben Brief und habe ein ganz
krankes Verlangen nach unserem
kleinen Stillen Haus und dem

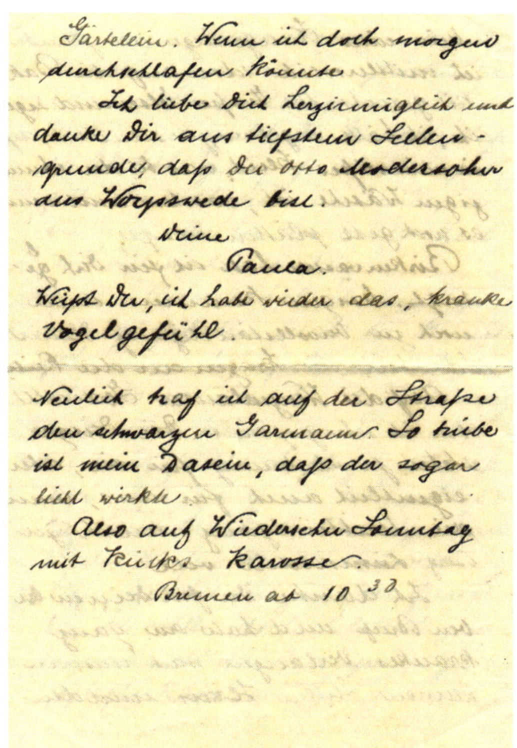
Gärtelein. Wenn ich doch morgen
durchschlafen könnte
Ich liebe Dich herzinniglich und
danke Dir aus tiefstem Seelen-
grunde, daß Du Otto Modersohn
aus Worpswede bist.
Deine
Paula.
Weißt Du, ich habe wieder das, kranke
Vogelgefühl.
Neulich traf ich auf der Straße
den schwarzen Garmann. So trübe
ist mein Dasein, daß der sogar
licht wirkte.
Also auf Wiedersehn Sonntag
mit Kücks Karosse.
Bremen ab 10 ^{30}

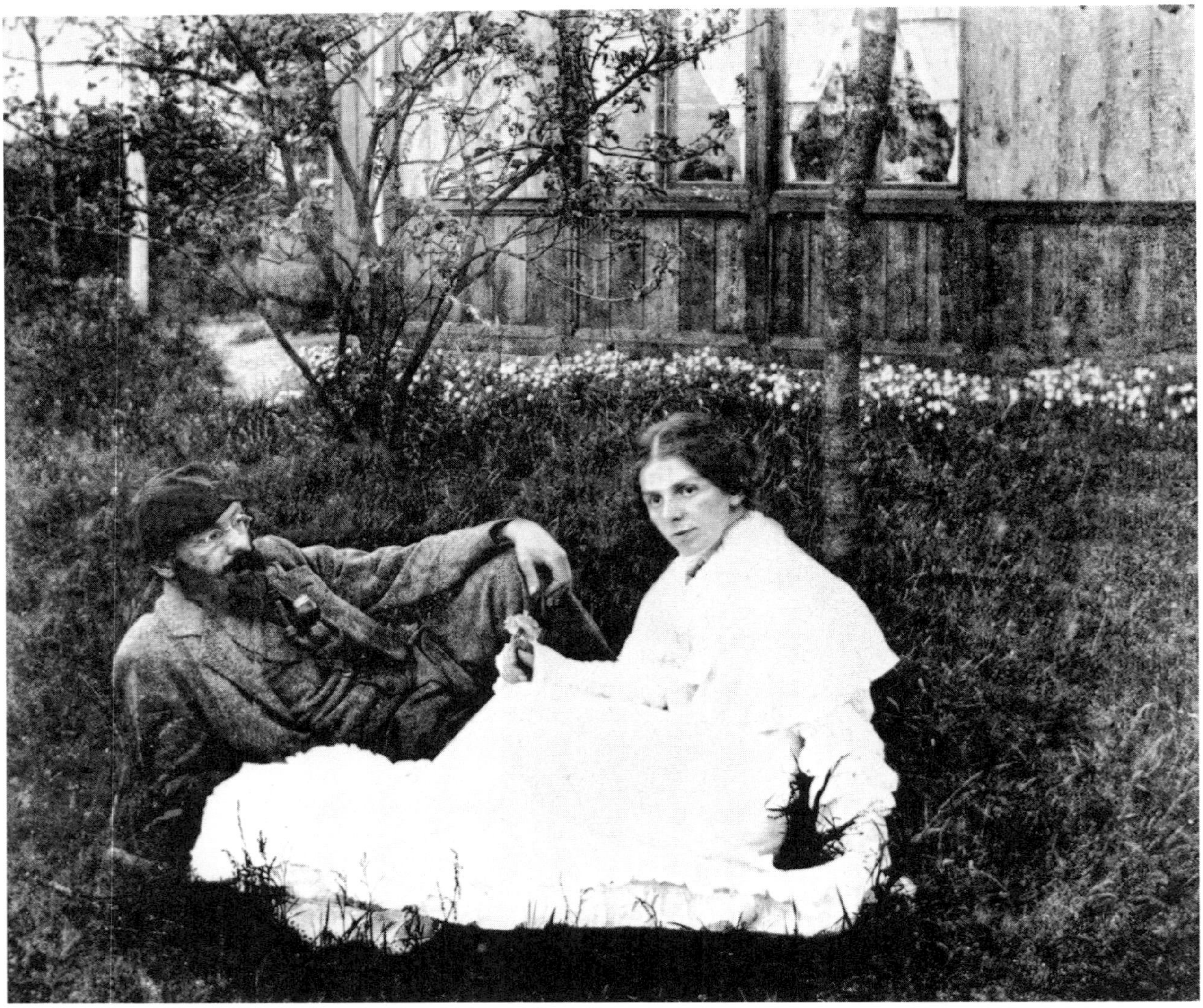

PAULA MODERSOHN-BECKER an Otto Modersohn

OTTO MODERSOHN wurde am 22. Februar 1865 in Soest geboren. Der Landschaftsmaler war 1897 einer der Mitbegründer der Künstlerkolonie Worpswede und ein Modernisierer der deutschen Kunst, die Ende des 19. Jahrhunderts im Akademismus zu ersticken drohte. 1897 ging Otto Modersohn eine erste Ehe mit der Bremer Kaufmannstochter Helene Schröder ein, die im Jahr 1900 nach langer Krankheit starb. 1901 heiratete er Paula Becker, die 1907 starb. Zweimal verwitwet, ging Otto Modersohn eine dritte Ehe mit der Opernsängerin und Malerin Louise Breling ein, Tochter von Heinrich Breling, der die Künstlerkolonie Fischerhude mitbegründet hatte. Sie blieb 36 Jahre an seiner Seite. Otto Modersohn starb am 10. März 1943 in Rotenburg (Wümme).

Mitunter schleift sich schnell ab, was vor der Hochzeit noch da war: Nähe, Sehnsucht, Leidenschaft. Auch Paula Modersohn-Becker, die junge Malerin, bekam rasch Zweifel an ihrer Ehe mit dem Malerkollegen Otto Modersohn, den sie 1901 geheiratet hatte und mit dem sie in der Künstlerkolonie Worpswede lebte.

Schon kurz nach der Eheschließung haderte Paula Modersohn-Becker mit der Zweisamkeit auf Trauschein. Zumindest belegt dies ein Eintrag, den sie am Ostersonntag 1902 in ihr Haushaltsbuch schrieb: „Es ist meine Erfahrung, daß die Ehe nicht glücklicher macht. Sie nimmt die Illusion, die vorher das ganze Wesen trug, daß es eine Schwesterseele gäbe." Das Bonmot schrieb sie nieder, während sie einen Kalbsbraten zubereitete. Eine hochbegabte Künstlerin ist nicht dafür geschaffen, sich am heimischen Herd um einen Festtagsbraten zu kümmern. Zum Verdruss über die Hausarbeit kam aber einiges andere hinzu, was ihr am Eheleben nicht schmeckte.

Trotzdem: Es gibt großartige Liebesbeweise der Künstlerin an ihren Mann, wie den Brief von 1903, in dem sie ihm dafür dankt, dass er „Otto Modersohn aus Worpswede" sei – einfach er selbst.

Doch Freiheitsdrang und künstlerischer Ehrgeiz schienen immer und immer wieder die Oberhand zu gewinnen. 1903, also im selben Jahr, in dem Paula Modersohn-Becker ihrem Mann den Liebesbrief schrieb, erbat sie sich von ihm eine zweimonatige Auszeit von der Ehe für einen Studienaufenthalt in Paris. Überhaupt war Paris für alle Stationen der Ehe von Bedeutung. Für den Anfang, das Zwischenspiel und das vorläufige Ende. In der Silvesternacht 1899 war Paula Becker zu einem ersten Studienaufenthalt nach Paris gereist, wo sie im Juni auch auf Otto Modersohn traf, der dort die große Jahrhundertausstellung besuchte. Die beiden kannten sich schon vorher, aber in Paris „funkte" es wohl zwischen den beiden. 1903 dann die zweite Paris-Reise als die besagte kurze Auszeit von der Ehe. 1906 zog es die Malerin abermals in die Kunstmetropole, um sich von den Werken der französischen Impressionisten inspirieren zu lassen – und um sich von ihrem Mann zu lösen. Rat suchte sie bei ihrem guten Freund Rainer Maria Rilke, ebenfalls bekannt für seine Bindungsscheu. Obwohl Otto Modersohn seiner Frau Bittbriefe schrieb und sie sogar zur Klärung in Paris besuchte, blieb Paula hart. Vorerst wenigstens.

Otto Modersohn sorgte dennoch für seine abtrünnige Frau und finanzierte ihr den Lebensunterhalt aus der Ferne. Allein in Paris und fernab von ihrem Mann, der zugleich Konkurrent und scharfer Kritiker war, blühte Paula Modersohn-Becker künstlerisch auf. Zwar bewunderte Otto Modersohn seine Frau sehr für ihre Landschaftsmalerei und besonders für ihren Umgang mit Farbe. Die Porträts und Aktdarstellungen von Frauen und Kindern, denen sie zunehmend Aufmerksamkeit schenkte, verstand er aber lange Zeit nicht. „Hände wie Löffel, Nasen wie Kolben, Münder wie Wunden. Ausdruck wie Cretins", urteilte er. Heute sind es gerade diese merkwürdigen, einprägsamen Gesichter, die Modersohn-Beckers Bilder so einzigartig machen – und die Künstlerin (nicht nur unter einer feministischen Betrachtungsweise) zu einer Ikone der modernen Malerei.

Die Malerin, die sich allein oft viel glücklicher fühlte, kehrte schließlich 1907 doch noch zu ihrem „Otto Modersohn aus Worpswede" zurück. Auch finanzielle Aspekte mochten dabei eine Rolle gespielt haben. Die Hauptsache aber war, dass Otto Modersohn um seine Frau warb und einfach nicht lockerlassen wollte. Und endlich begann er zu akzeptieren, dass ihre Kunst die seine übertraf – sicher keine einfache Einsicht und deshalb ein großer Liebesbeweis. Ob die Ehe auf dieser Basis gehalten hätte? Das lässt sich nicht sagen, das gemeinsame Altwerden blieb dem Paar verwehrt.

Paula Modersohn-Becker scheint ihren frühen Tod geahnt zu haben, das belegt schon ein Tagebucheintrag aus dem Jahr 1900, der Zeit der äußerst strapaziösen ersten Parisreise, als die in Armut lebende Künstlerin schwer erkrankt war. „Mein Leben ist ein Fest, ein kurzes intensives Fest", schrieb sie. Als sie wieder gesund war, widerrief sie diese heiter-düstere Prognose in einem späteren Tagebucheintrag: „Und es dauert doch noch lange. Ich bin gesund und stark und lebe mit ihr." Das Schicksal meinte es anders mit ihr. 1907, im Jahr ihrer Rückkehr zu ihrem Mann, war das Fest zu Ende. Das Tragische: Es war seine Liebe, die ihr den Tod brachte. Paula Modersohn-Becker wurde schwanger und bekam eine Tochter. Nur wenige Tage nach der Geburt des Mädchens Mathilde starb Paula Modersohn-Becker am 20. November 1907 im Kindsbett an einer Embolie.

PAULA BECKER wurde am 8. Februar 1876 in Dresden geboren. Ihr Vater Carl Woldemar Becker verdiente sein Geld als Ingenieur. Ihre Mutter Mathilde war eine geborene von Bültzingslöwen und entstammte dem thüringischen Landadel. Paula Becker wuchs in bildungsbürgerlichen, liberalen und weltläufigen Verhältnissen auf. Einige Onkel auf der Seite der von Bültzingslöwens suchten ihr Glück als Auswanderer in Indonesien, Australien und Neuseeland. Ihr Vater kannte die Weltstädte Paris, Sankt Petersburg und London, sprach Französisch, Russisch und Englisch. Auch gab es ein revolutionäres Element in ihrer Familie. Ihr Onkel Oskar Becker verübte im Jahr 1861 einen Anschlag auf den Preußenkönig Wilhelm. Weil der König nach Überzeugung des Attentäters eine Reichseinigung verhinderte, feuerte Oskar Becker zwei Schüsse aus einer Taschenpistole auf den Monarchen, die diesen jedoch verfehlten.

Das Attentat war lange vor der Geburt Paula Beckers. Es war ein anderes Ereignis, das ihre Kindheit überschattete: Als Zehnjährige hatte sie gemeinsam mit zwei Cousinen in einer Sandgrube gespielt. Dabei wurden die drei Kinder verschüttet. Während Paula und ihre Cousine Maidli Parizot gerettet werden konnten, erstickte die elfjährige Cora Parizot in den Sandmassen. Jahrzehnte später schrieb Paula Modersohn-Becker unter anderem an ihren Freund Rainer Maria Rilke von diesem Schicksalsschlag.

1888 bezog Paula Beckers Familie ein klassizistisches Wohnhaus in Bremen (das heutige Haus Paula Becker). Dort konnte sich das künstlerisch begabte Mädchen erstmals ein kleines Atelier einrichten. 1892 schickten ihre Eltern Paula für sieben Monate zu einer Tante in die Nähe von London. Dort erhielt Paula ihre ersten Malstunden. Zwar absolvierte sie bis 1895 auf Wunsch ihrer Eltern eine Lehrerinnenausbildung, ihr Interesse galt aber der Kunst. Von 1896 an nahm Paula Becker Kunstunterricht in Berlin und zog im September 1898 in die Worpsweder Künstlerkolonie. Dort nahm sie Unterricht bei Fritz Mackensen, der bereits Rilkes spätere Frau Clara Westhoff als Schülerin hatte. Im Dezember 1899 konnte Paula Becker einige ihrer Studien ausstellen. Die Bilder wurden jedoch von der Kritik verrissen. In Worpswede lernte sie den elf Jahre älteren Otto Modersohn kennen, ihren späteren Ehemann. Otto Modersohn war damals noch in erster Ehe mit der Bremer Kaufmannstochter Helene Schröder verheiratet, die im Jahr 1900 starb. Für Paula gab es in der Ehe mit Otto Modersohn nur wenige glückliche Zeiten.

Künstlerisch ist Paula Modersohn-Becker eine der bedeutendsten Vertreterinnen des frühen Expressionismus. Sie schuf Landschaften, Stillleben und vor allem Aktbilder. Dabei wagte sie sich als Erste in der Kunstgeschichte daran, das Selbstbildnis mit dem ganzen Akt zu kombinieren. Oder, etwas weniger sperrig: Niemand vor Paula Modersohn-Becker, weder Mann noch Frau, hatte die Traute, sich selbst von Kopf bis Fuß nackt zu malen. Was wohl geschehen wäre, hätte sie länger gelebt! Die Künstlerin starb am 20. November 1907, kurz nach der Geburt der Tochter Mathilde, mit 31 Jahren.

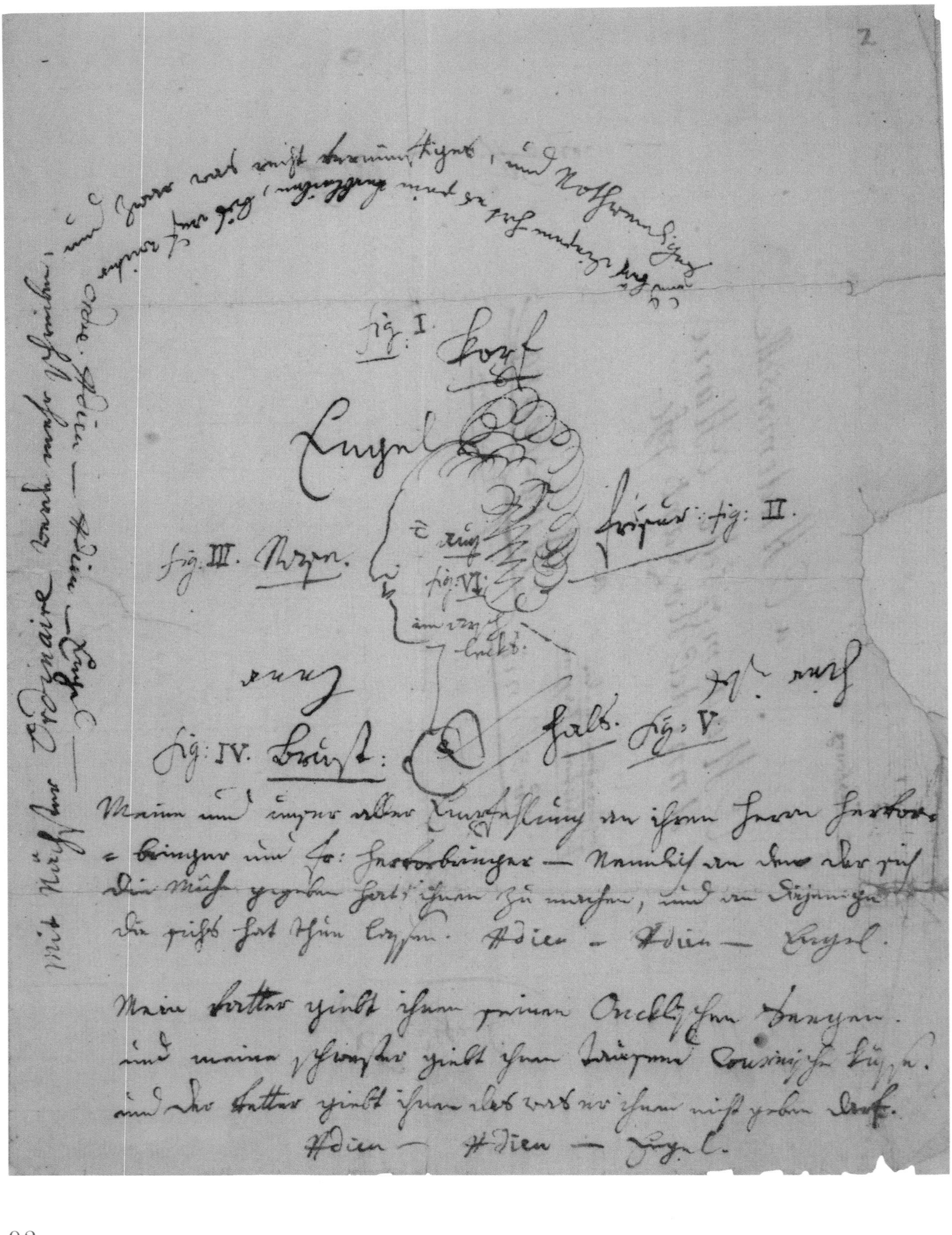
fig: I. Kopf
Engel
fig: II.
fig: III.
fig: VI.
fig: IV. Brust:
Hals. fig: V
Ordinaire
Adieu — Adieu — Engel

WOLFGANG AMADEUS MOZART an Maria Anna Thekla Mozart

[Salzburg, den 10. Mai 1780]
De Salsbourg / a Mademoiselle / Mademoiselle Marie / Anne de Mozart ph: [oder: ps:] / a / Augsbourg / In Schwaben. / Abzugeben in der / Jesuiten Gassen / Par Munic

liebstes, bestes, schönstes, liebenswürdigstes,
reizendstes,
von einem unwürdigen Vetter
in Harnisch gebrachtes
bässchen.
oder
Violoncellchen! –

Salsbourg den 10ten May
1709ni
blass mir hint' aini.
– : –
gut ists
wohl bekomms.

Ob ich Joannes Chrisostomus Sigismundus Amadeus Wolfgangus Mozartus wohl im stande seyn werde, den ihre reizende schönheit |:visibilia und invisibilia:| gewis um einen guten Pantofel-absatz erhöhenden Zorn zu stillen, mildern, oder zu besänftigen, ist eine frage die ich aber auch beantworten will: – besänftigen will so viel sagen, als Jemand in einer sänfte sanft tragen – ich bin von natur aus sehr sanft, und einen senf esse ich auch gern, besonders zu dem Rindfleisch – mithin ist es schon richtig mit leipzig: obwohl der M:r feigelrapèe durchaus behaupten oder vielmehr beköpfen will, daß aus der Pastette nichts werden soll – und das kann ich Ja ohnmöglich glauben – es wäre auch nicht der mühe werth daß man sich darum bückte – Ja wenn es ein beutel voll Conventions-kreutzer wäre – da könte man so was endlich aufklauben, heben, oder langen. – drum, wie ich gesagt habe, ich könnt es nicht anders geben, das ist der Nächste Preis –

handeln lass ich nicht, weil ich kein Weibsbild bin; und hiemit Holla! Ja mein liebes violoncellchen! so geht und steht es auf der Welt, einer hat den beutel, und der andere hat das geld, und wer beydes nicht hat, hat nichts, und nichts ist so viel als sehr wenig, und wenig ist nicht viel, folglich ist nichts immer weniger als wenig, und wenig immer mehr als nicht viel, und viel immer mehr als wenig, und – so ist es, so war es, und so wird es seyn. mach ein End dem brief, schliess ihn zu, und schick ihn fort an ort und End –
feigele:
dero gehorsamster unterthänigster diener
mein arsch ist kein Wiener
Latus hinüber V: S:
P: S: Ist die Böhmische trup schon weck – sagen sie mirs, meine Beste, ich bitte sie um Himmelswillen! ach! --- Sie wird nun in ulm seyn, nicht wahr? O, überzeugen sie mich dessen, ich beschwöre sie bey allem was heilig ist – die götter wissen es, daß ich es aufrichtig meine
lebt's thüremichele noch? –
blass mir ins loch.
Wie hat sich Vogt mit seiner frau vertragen? –
haben sie sich einander nicht schon gekriegt beym kragen?
lauter fragen.
Eine Zärtliche Ode! –
Dein süsses Bild, O Bäschen,
schwebt stets um meinen Blick
allein in trüben Zähren
daß du -- es selbst nicht bist.
Ich sehe es wenn er abend
mir dämmert, wen der Mond
mir glänzt, seh ichs und – weine
daß du -- es selbst nicht bist.
Bey Jenen Thales Blumen
die ich ihr leesen will,
bey Jenen Myrtenzweigen

die ich ihr flechten will
beschwör ich dich Erscheinung
auf, und verwandle dich
Verwandle dich, Erscheinung S: V:
und werd – O Bääs'chen selbst. P: T:
finis coronat opus, Edler v: Sauschwanz.

[Beschriftung der Bäsle-Zeichnung]
Engel
fig: I.
Kopf
fig: II. Frisur.
fig: III. Nasn.
fig: IV. Brust:
fig: V. Hals.
fig: VI. Aug
Hier ist leer

Meine und unser aller Empfehlung an ihren herrn hervorbringer und fr: hervorbringer – Nemlich an den der sich die Mühe gegeben hat ihnen zu machen, und an diejenige die sichs hat thun lassen. Adieu – Adieu – Engel.
Mein Vatter giebt ihnen seinen Oncklischen Seegen. und meine schwester giebt ihnen tausend Cousinische küsse. und der Vetter giebt ihnen das was er ihnen nicht geben darf. Adieu – Adieu – Engel.
Mit Nächster Ordinaire werde mehr schreiben, und zwar was recht Vernünftiges, und Nothwendiges und bey diesem hat es sein verbleiben, bis auf weiter ordre. Adieu – Adieu – Engel –

Die besondere Freundschaft Mozarts zu seiner Cousine **MARIA ANNA THEKLA MOZART**, genannt Marianne, geboren am 25. September 1758 in Augsburg, begann im September 1777. Wolfgang Amadeus Mozart war damals 21 Jahre alt und kam auf einer Reise durch Augsburg, Marianne war gerade 19 geworden. Ein Mädchen? Im 18. Jahrhundert, in dem die Menschen oft jung starben, galt Marianne wohl eher als Frau. Als Bürgerin der Reichsstadt Augsburg war sie Teil der Gesellschaft und entsprechend gebildet. Sie heiratete nie, lebte erst bei ihrer Mutter und zog nach deren Tod 1808 zu ihrer Tochter und zum Schwiegersohn. Marianne Mozart starb in ihrem 83. Lebensjahr am 25. Januar 1841 in Bayreuth.

Was bleibt, sind die neun Bäsle-Briefe, in denen Wolfgang Amadeus Mozart überquillt vor Freude, Wortspiel um Wortspiel erfindet, rückwärts und spiegelverkehrt schreibt und, trotz der antiquierten Sprache, etwas eigentümlich Modernes macht. Der Wortfluss wird zum Bewusstseinsstrom, fast wie im „Ulysses" von James Joyce, der übrigens wie die Bäsle-Briefe wegen seiner Obszönitäten in der Kritik stand. Spätere und prüdere Zeiten haben die Bäsle-Briefe gerne versteckt. Wir dürfen sie wiederentdecken. Und an „Zauberflöte", „Così fan tutte", „Don Giovanni" ändern sie rein gar nichts.

Skandal! Was für ein wirrer Wortschwall ergießt sich hier über das Bäsle! Mozart, ja, Wolfgang Amadeus Mozart, der Stern am Himmel der Wiener Klassik, „Zauberflöte", „Così fan tutte", „Don Giovanni", dieser Genius schreibt hier an seine Cousine Maria Anna Thekla Mozart, genannt Marianne. Ohne Punkt und Komma. Der Inhalt ist trotz Transkription für heutige Leser kaum verständlich. Mit Ausnahme der Schweinereien natürlich: „blass mir hint' aini."

Welche Schlüsse lassen dieser und die anderen acht überlieferten Bäsle-Briefe zu? Was gab der Vetter ihr, was er nicht geben durfte? Lief da mehr zwischen dem Komponisten und dem Bäsle? Und weitere Fragen tun sich auf: War dieser Mozart tatsächlich der Punk, der Clown, als der er in Miloš Formans Film aus dem Jahr 1984 vorgeführt wird? Oder litt der Mann am Tourette-Syndrom, das Menschen zwanghaft Fäkalwörter ausstoßen lässt? Es gibt diese Ferndiagnose auf Basis der Bäsle-Briefe, gestellt von Psychologen der Jetztzeit. Andere moderne Wissenschaftler vermuten, Mozart habe unter dem Asperger-Syndrom oder an ADS gelitten.

Es gibt auch andere Interpretationen, abseits der Pathologisierung. Selbst hochgestellte Persönlichkeiten der Zeit bedienten sich ausgiebig der Gossensprache, und Mozarts Mutter schrieb 1777 an Mann und Tochter: „Ich winsch ein guete nacht, scheiss ins beth das kracht ..." Der Apfel fällt nicht weit vom Stamm. Außerdem konnte der Briefeschreiber Mozart auch anders, zum Beispiel in der Korrespondenz mit seinem Vater Leopold oder in seinem Schriftwechsel mit Voltaire. Wolfgang Amadeus Mozart war sein ganzes Leben lang nicht nur als Komponist überaus fleißig, sondern stets ein guter Kunde der Post. In seinen Briefen ließ er keinen Aspekt seines Lebens aus. Je nach Anlass und Bezugsperson schrieb er über Reisen, Musik, Freundschaften, Ideen, Überzeugungen, Philosophie, Tod. Und als junger Mann voll Saft und Kraft schreibt er an die Cousine fröhlich drauflos – über sich und über Sex. Rock me, Amadeus.

Wobei es letztendlich nicht erwiesen ist, dass da etwas war zwischen dem Bäsle und dem Genius, trotz der Innigkeiten und Anspielungen.

Licht ins Dunkel könnten die Antworten der zärtlichen Cousine geben, doch ihre Briefe sind verschollen. Naheliegend ist es schon, dass etwas war. Ein Indiz dafür ist, dass der im Oktober 1777 aufgenommene Briefverkehr 1781 endete, also zu dem Zeitpunkt, als es zwischen Mozart und seiner späteren Frau Constanze ernst wurde. Außerdem war das Bäsle kein Kind von Traurigkeit: 1784 brachte Marianne eine uneheliche Tochter zur Welt. Die Mutter eine Mozart, die Cousine eines in der damaligen Zeit durchaus anerkannten Genius, und der Vater ausgerechnet der Augsburger Domkapitular Theodor Franz de Paula Maria Freiherr von Reibeld. Schon wieder schallt ein Ruf: Skandal!

WOLFGANG AMADEUS MOZART, eigentlich Joannes Chrysostomus Wolfgangus Theophilus Mozart, wurde am 27. Januar 1756 in Salzburg geboren. Das „Wolferl" war ein musikalisches Wunderkind, das zusammen mit der fünf Jahre älteren Schwester Maria Anna, dem „Nannerl", die damalige Musikwelt zu Begeisterungsstürmen hinriss. Bereits als Siebenjähriger ging Wolfgang Amadeus Mozart auf eine Europatournee, die dreieinhalb Jahre dauerte. 1764 oder 1765 schrieb er seine erste Sinfonie, 1767 die erste Oper. Das Köchelverzeichnis enthält 626 Werke Mozarts. Aber Mozart war mehr als ein schneller und versierter Tonsetzer. Er war der erste Musiker, der einen Großteil seines Lebensunterhalts als freischaffender Komponist verdiente und sich wenigstens teilweise von der Gunst adeliger Auftraggeber unabhängig machen konnte. Mozart war überdies Freimaurer, Aufklärer und Gesellschaftskritiker, aber auch ein Spieler und Modegeck, der immense Summen für Kleidung ausgab. Mozart starb am 5. Dezember 1791 in Wien unter mysteriösen Umständen, 35-jährig und viel zu früh.

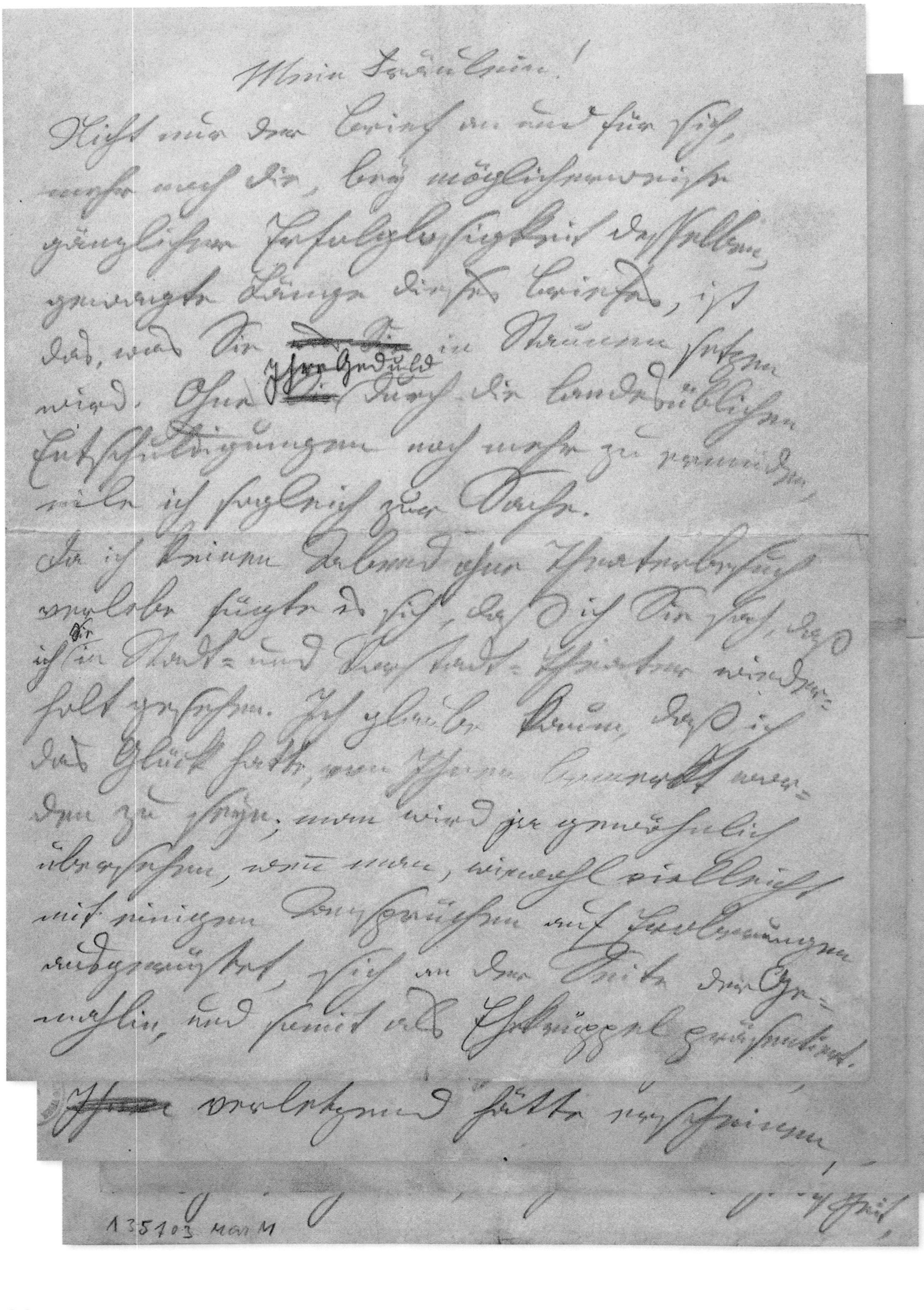
Mein Fräulein!
Nicht nur der Brief an und für sich, mehr noch die, bei möglichst [illegible] gänzlicher Erfolglosigkeit desselben, [illegible] Länge dieses Briefes, ist das, was Sie ~~[illegible]~~ in Staunen setzen wird. Ohne ~~Ihre~~ Ihre Geduld durch die landesüblichen Entschuldigungen noch mehr zu ermüden, eile ich sogleich zur Sache.
Da ich keinen Abend ohne Theaterbesuch [illegible] fügte es sich, daß ich Sie sah, daß ich Sie im Stadt- und Burgtheater wiederholt gesehen. Ich glaube kaum, daß ich das Glück hatte, von Ihnen bemerkt worden zu sein; man wird ja gewöhnlich übersehen, wenn man, wiewohl vielleicht mit einigen [illegible] auf [illegible] ausgerüstet, sich an der Seite der Gemahlin, und somit als [illegible] [illegible].
~~Ihnen~~ verletzend hätte erscheinen,
135103 mar M

JOHANN NESTROY an Caroline Köfer

Mein Fräulein!

Nicht nur der Brief an und für sich, mehr noch die, bey möglicherweise gänzlicher Erfolglosigkeit desselben, gewagte Länge dieses Briefes, ist das, was Sie in Staunen setzen wird. Ohne Ihre Geduld durch die landesüblichen Entschuldigungen noch mehr zu ermüden, eile ich sogleich zur Sache.

Da ich keinen Abend ohne Theaterbesuch verlebe fügte es sich, daß ich Sie sah, daß ich Sie in Stadt- und Vorstadt-Theater wiederholt gesehen. Ich glaube kaum, daß ich das Glück hatte, von Ihnen bemerkt worden zu seyn; man wird ja gewöhnlich übersehen, wenn man, wiewohl vielleicht mit einigen Ansprüchen auf Eroberungen ausgerüstet, sich an der Seite der Gemahlin, und somit als Ehekrüppel präsentiert. Das einemahl waren sogar, die zweyte Loge neben mir, ein Paar Dandy's, denen Ihr Operngucker nicht ohne Wohlgefallen sich zuzuwenden schien, der Gegenstand meines stillen Neides.

Demungeachtet, mein Fräulein, wage ich es, in diesen Zeilen das auszusprechen, was Sie von vielen Andern, und oft werden gehört haben; ich sage Ihnen nehmlich, daß Sie, liebenswürdig und interessant in hohem Grade, der Gegenstand meiner glühendsten Wünsche sind.

Wie werden Sie diese Worte aufnehmen? vielleicht werden Sie mich als zudringlichen Unbekannten auslachen, vielleicht sogar, wenn Sie, was beynahe nicht anders denkbar ist, einen Geliebten haben, in Compagnie mich auslachen. Dieser Gefahr stelle ich mich bloß, aber ich kann es thuen, erstens, weil Sie in diesem Falle nur über einen Unbekannten lachen, und zweytens, weil mir dann immer noch der Trost bleibt, Sie hätten mich vielleicht nicht ausgelacht, wenn Sie sich die Mühe genommen hätten den Unbekannten kennen zu lernen. Ich kenne Ihre Lebensverhältnisse nicht, und habe meinem Bedienten, welcher beym Nachhausegehen Ihren Schritten folgen mußte, und welcher von einem auf der Treppe stehenden Individuum, wenn auch in etwas unfreundlichem Tone, Ihren Nahmen erfuhr, jede weitere Neugier, welche Ihnen, wenn Sie Kunde davon erhalten hätten, verletzend hätte erscheinen können, auf's Strengste untersagt.

Meine Ansicht ist die; junge schöne Damen mögen in was immer für Lebensverhältnissen seyn, ein im Stillen begünstigter, beglückter, und dafür dankbarer, discreter Freund ist nie unbedingt zu verwerffen, und selbst, wenn Sie Braut seyn sollten, dürfte Ihnen nach den Flitterwochen ein derart geheimer Freund nicht ohne Nutzen seyn. Wenn Sie in diese meine Ansicht eingehen, mein Fräulein, und darauf kömmt Alles an, dann hoffe ich, daß Sie das, was ich Ihnen alsbald proponieren werde, nicht zurückweisen dürften. Ich habe nur noch vorauszuschicken, daß ich mehrere Tage unschlüßig war, über die Art und Weise, wie ich mich Ihnen nähern sollte. Ich wählte endlich dennoch den, durch die Ungewißheit, ob der Brief in Ihre Hände kommen wird, oder nicht, etwas gefährlichen brieflichen Weg, und verwarf den ersten Plan, nach welchem ich eine Gelegenheit, Sie auf der Straße anzusprechen, abwarten wollte, einen Plan, welcher Sie wahrscheinlich verletzt, und mich von dem ersehnten Ziele nur entfernt haben würde.

Sie werden mir die Umständlichkeit meiner Proposition vielleicht als Unbeholfenheit auslegen, sie hat aber ihren Grund einzig nur darin, daß ich es nicht über mich gewinnen kann, mich einer jungen Dame, in die ich mehr als gewöhnlichen Werth setze, auf die zwar gangbarste, aber etwas ordinäre Weise zu nähern. Der Vorschlag, den ich Ihnen nun mache ist folgender. Ich wähle eine unverdächtige Stunde halb Zwey Uhr Mittags; ich wähle einen unverdächtigen Ort, die Prater-Hauptallée. Ich werde früher schon mich unten befinden, und Morgen Donnerstag Punct halb Zwey Uhr langsam vom untern Ende der Haupt-allée, vom Rondeau nehmlich, nach dem oberen Ende derselben, nach dem Prater-Stern zufahren.

Wenn Sie, mein Fräulein zur selben Zeit halb Zwey Uhr vom Praterstern nach dem Rondeau hinunterfahren, so werden unsere Wagen sich begegnen. Belieben Sie, damit ich Ihren Wagen in einiger Entfernung schon erkenne, da man in Wien links fährt, am geöffneten Wagenfenster rechts, das Schnupftuch zu halten; dieses Schnupftuch wird mir zugleich das mich hochbeglückende Zeichen seyn, daß Sie, im Falle Sie mich Ihrer Gunst würdig finden, in meine oben ausgesprochene Ansicht über geheime Liaison's eingehen. Ich selbst werde, da zu dieser Zeit mehrere Wagen den Corso machen, durch einen lichtgrauen hochroth ausgeschlagenen Reise-Manteau Ihnen erkennbar seyn. Ohne Ihnen dann weiter zu folgen, sehe ich Ihr Erscheinen als die Erlaubniß an, den Zweyten Schritt zu thuen. Dieser wird darin bestehen, daß Sie gleich den folgenden Tag einen Zweyten Brief von mir bekommen. In demselben werde ich Ihnen einen Vorschlag machen über die Art und Weise, wie ich das Glück haben kann, Sie zu sprechen.

Meine Wünsche wissen Sie nun, die Erfüllung liegt in Ihrer Hand, und wenn es nur zu der, aus dem zweyten Briefe entspringenden Unterredung kommt, dann hoffe ich gewiß, mich als Ihrer Gunst würdig zu erweisen, so daß ich dem ersehnten Ziele mit einiger Zuversicht entgegensehe.

Ihr Sie hochschätzender
eifriger Verehrer
L. B. v. R.
den 12ten März 1855

Wie kriegt man Frauen rum? Indem man einer Schönen zuerst einen Diener hinterherschickt, um die Adresse herauszubekommen, und sich dann unverfroren per Brief als Lover andient und Sätze schreibt wie: „ein im Stillen begünstigter, beglückter, und dafür dankbarer, discreter Freund ist nie unbedingt zu verwerffen, und selbst, wenn Sie Braut seyn sollten, dürfte Ihnen nach den Flitterwochen ein derart geheimer Freund nicht ohne Nutzen seyn"?

Heute wäre man mit so einem Verhalten als Stalker ein Fall für den Staatsanwalt oder den Psychiater. Aber 1855 war das anders. Damals gab es keine Plattformen für erotische Sofortkontakte. Es gab keine Pille. Es gab zwar kein Aids, dafür grassierte aber, nicht minder grausam und tödlich, die Syphilis. Die Hürden für ein sexuelles Abenteuer waren hoch. Wer eine „geheime Liaison" eingehen wollte, musste einiges an Charme und Überzeugungskraft aufbieten. Und es konnte nicht schaden, auch ein wenig Geld zu haben.

Der Dichter Johann Nepomuk Nestroy hatte beides. Er hatte Charme (und reichlich Chuzpe). Und er hatte als beliebtester Volksschauspieler seiner Zeit und erfolgreicher Theatermann ordentlich Geld in der Tasche, um privat den spendablen Galan zu geben. Das tat er öfter und hatte sich sogar ein Netzwerk an Freunden aufgebaut, die ihm halfen, seine Beziehungen anzubahnen, geheim zu halten und, wenn es sein musste, auch zu beenden. Dabei sorgte Nestroy rührend für seine Geliebten. So gibt es einen Brief Nestroys aus dem Jahr 1842 an Ignaz Stahl. Darin schrieb der Dichter dem Freund, dass sich seine damalige Geliebte Louise Rusa einer Kropfoperation unterziehen werde. Nestroy zeigte sich sehr besorgt und hatte sich, wie er sagte, über den Nutzen und die Gefahren der Operation „ärztlich informieren lassen". Wiewohl ihm die Ärzte versicherten, dass der Eingriff nicht lebensgefährlich sei, gab Nestroy dem Freund genaue Anweisungen, wie im Todesfall der Geliebten zu verfahren wäre: *„Setzen wier also den traurigsten Fall, den Todesfall, und dieser könnte während meiner Abwesenheit eintreten, so gebe ich Dir hierüber folgende Aufträge, um deren Erfüllung ich Dich ersuche. Alles auf Begräbniß Bezug habende, ordne Du an: Sarg sehr elegant, kirchliche Einsegnung einfach, denn ich stecke den Pfaffen nicht gerne Geld in den Rachen, Todtehwagen der eleganteste der in Wien existiert, mit 4 Pferden; Grab ein appartes, ja nicht unter Creti und pleti in ein Dutzendgrab hinein."*

Nestroy war ein Betrüger mit Moral, 1842 im besten Mannesalter und auch im vorgerückten Alter. Als er 1855 diesen hier abgedruckten Brief an die Schauspielerin

Caroline Köfer schrieb, war er 53 und schon fast 30 Jahre lang liiert mit Marie Weiler. Die hatte er zwar nie geheiratet, sprach aber von ihr immer als „der Frau".

Bei Caroline Köfer hat Nestroys Masche gezogen. Frechheit siegt. Er richtete ihr eine Wohnung als Liebesnest ein und hielt sie aus. Die Beziehung endete, als sich Caroline Köfer zu viel herausnahm. Im Juli 1856 ging Caroline Köfer Nestroys „Erstfrau" Marie Weiler in anonymen Briefen an und versuchte sie damit zu verdrängen. Nestroy reagierte sofort und unmissverständlich, wenngleich er bei der finanziellen Abwicklung der Liebesbeziehung Großzügigkeit walten ließ. So beauftragte er seine Freunde Franz Treumann und Ernst Stainhauser am 31. Juli 1856, „sich zu Fräulein Köfer zu begeben, und ihr nachstehende Mitteilung zu machen", dass die „zwischen mir und Fräulein Köfer bestandene nähere Beziehung unwiderruflich aufgelöst" sei.

Darauf folgt eine Litanei an Geldern, die Nestroy an Köfer auszuzahlen bereit war. 1842 traf er pedantische Vorkehrungen für das Begräbnis Louise Rusas, 1856 zählte er ebenso pedantisch in Gulden und Kreuzern die Abfindung Caroline Köfers auf. Darunter waren: 500 Gulden Sofortabfindung (im Gegenzug für die Aushändigung von Briefen und Bildern), das Haushaltsgeld für den abgelaufenen Monat („Achtzig Drey Gulden 20 Xr Cv. Münze"), die Miete für Köfers Wohnung für ein halbes Jahr im Voraus und offensichtlich auch 300 Gulden Schweigegeld, „dieses jedoch nur unter den ihr von Herrn F. Treumann mündlich kundzugebenden Bedingungen" und zahlbar zum Jahresende 1856. Wenigstens finanziell zog sich Nestroy anständig aus der Affäre.

JOHANN NEPOMUK NESTROY wurde am 7. Dezember 1801 als zweites von acht Kindern des Gerichts- und Hofadvokaten Johann Nestroy und seiner Frau Magdalena in Wien geboren. Nach dem Gymnasium begann Nestroy 1817 sein Studium. Er absolvierte drei Philosophieklassen und begann 1820 sein eigentliches Jurastudium. Allerdings gab er dieses bereits nach zwei Semestern wieder auf und ging ans Theater, wo er als Opernsänger begann, später auch in Sprechrollen auftrat und sich als Bühnenschriftsteller versuchte.

Johann Nestroy hatte einen Schlag bei Frauen. 1823 heiratete er Wilhelmine Nespiesni, mit der er ein gemeinsames Kind namens Gustav hatte. Vier Jahre nach der Eheschließung brannte Wilhelmine Nespiesni mit einem Adligen durch. Dann wurde es noch turbulenter. 1828 lernte Nestroy seine Lebensgefährtin, die 1809 geborene Sängerin Marie Weiler, in Graz kennen. Sie zog Gustav wie einen eigenen Sohn auf. Außerdem hatten Nestroy und Marie Weiler zwei eigene Kinder, Karl und Marie.

Marie Weiler war die wichtigste Frau in Nestroys Leben. Über 30 Jahre lang war sie Geliebte, Geschäftspartnerin und „Finanzministerin" des Dichters. Ohne sie hätte der notorische Zocker und Playboy mit einiger Wahrscheinlichkeit Bankrott gemacht. Auch ertrug sie seine vielen Liebschaften, von denen nur drei, nämlich die mit Caroline Köfer, mit Louise Rusa und mit Louise Holzapfel, durch erhaltene Briefe belegt sind. Allerdings ist auch bekannt, dass Nestroy seine Freunde dafür einspannte, verschiedene Frauen „klarzumachen".

Deftig und derb und gänzlich unromantisch liebte es Nestroy auch als Bühnenautor. Die Wiener genossen seine Satiren. Nestroy schrieb rund 80 Bühnenstücke, sein bekanntestes ist die Zauberposse „Der böse Geist Lumpazivagabundus" aus dem Jahr 1833. Auch mit den humoristischen Stücken „Der Talisman", „Einen Jux will er sich machen" und „Zu ebener Erde und erster Stock" feierte er Erfolge als Autor, als Schauspieler und als Intendant. 1854 pachtete er das Leopoldstädter Theater und leitete es bis 1860. Seine beiden letzten Lebensjahre verbrachte Nestroy in Bad Ischl und Graz, wo er am 25. Mai 1862 starb. Gemeinsam mit Marie Weiler, die zwei Jahre nach ihm verstarb, wurde er 1890 in einem Ehrengrab auf dem Wiener Zentralfriedhof bestattet. Erst 2004, 150 Jahre nach Weilers Tod, ließ die Stadt Wien auch ihren Namen auf der gemeinsamen Grabstätte ergänzen.

CAROLINE KÖFER war Schauspielerin. Außer der Affäre mit Johann Nestroy ist über ihr Leben so gut wie nichts überliefert.

CABLE ADDRESS
ELLEESAY, NEW YORK

Hotel Elysée

60 EAST 54TH STREET, NEW YORK 22, N. Y.
TELEPHONE PLAZA 3-1066

March 14. 1969

Dearest Uschi

I Hope you still remember me. How are you doing? fine, I hope. I heard that you were in England not too long ago. I heard about some strange things happening in Berlin.

Mabye I was just really thinking to myself, that I should send for you if you _want_ to come to me. I don't know How you feel about me. I know also that I promised to keep in touch with you but I didnt.

Uschi, I have been working on my new songs very very hard _lately_.

14. März 1969

Liebste Uschi,

ich hoffe, Du erinnerst Dich noch an mich. Wie geht es Dir? Gut, hoffe ich. Ich habe gehört, dass Du neulich in England warst. Ich habe von ein paar seltsamen Dingen gehört, die in Berlin vor sich gehen.

Ich habe mir gerade überlegt, ob ich Dich einladen soll, zu mir zu kommen, wenn Du willst. Ich weiß nicht, wie Du zu mir stehst. Ich weiß, dass ich Dir versprochen hatte, mich zu melden, was ich aber nicht getan habe.

Uschi, in letzter Zeit habe ich sehr, sehr hart an meinen neuen Songs gearbeitet.

Aber eigentlich schreibe ich Dir, weil ich ständig an Dich denken muss, seit wir uns zuletzt gesehen haben. Du hast mich damals sehr glücklich gemacht. Als wir zusammen waren, habe ich nur selten Probleme gewälzt. Ich gehe kaum noch raus und spreche auch kaum noch mit jemandem. Wie ich schon sagte, arbeite ich ziemlich viel. Aber die Gedanken an Dich sind sehr lebendig. Und vielleicht auch die Gefühle. Sogar meinen eigenen Gefühlen zu trauen fällt mir schwer. Ständig werde ich verletzt. Aber bei Dir spüre ich etwas Echtes. Ich will einfach wissen, was es ist. Ich möchte Dich wirklich wiedersehen. Ich ruf Dich vielleicht später an. Ich hoffe, Du bist da.

Wir müssen jetzt in New York für eine Weile ins Studio, vielleicht 2 Wochen.

Ich wünschte, ich hätte mit Deinen Freunden bei Dir im Haus mehr gesprochen. Aber ich wusste nicht, was ich sagen sollte –

Ich mag sie. Ich hoffe, dass ich sie wiedersehe.

Muss jetzt los, bitte schreibe mir an diese Adresse:
Jimi Hendrix
27 E 37th St. N. Y. N. Y.

Personal + Private
Alles Liebe
Muss jetzt los
Dein Jimi

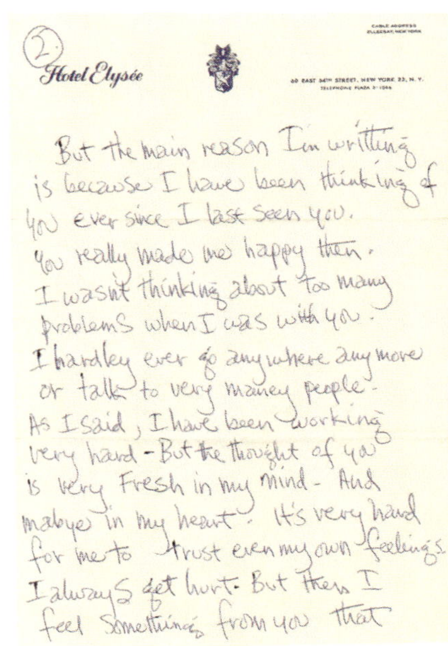
(2.)
Hotel Elysée

But the main reason I'm writting
is because I have been thinking of
you ever since I last seen you.
You really made me happy then.
I wasn't thinking about too many
problems when I was with you.
I hardley ever go anywhere any more
or talk to very maney people.
As I said, I have been working
very hard – But the thought of you
is very Fresh in my mind – And
mabye in my heart. It's very hard
for me to trust even my own feelings.
I always get hurt. But then I
feel something from you that

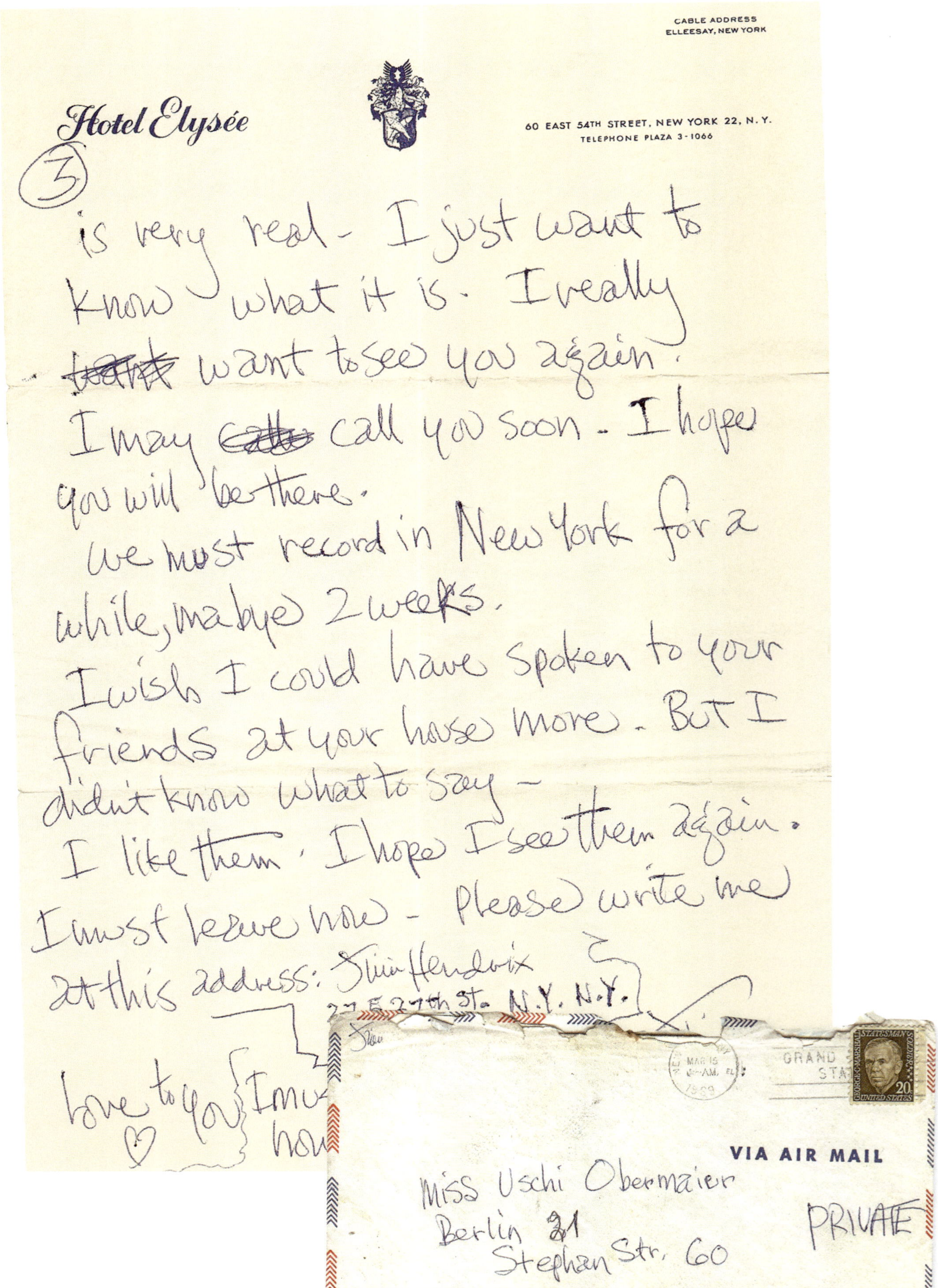

Hotel Elysée

CABLE ADDRESS
ELLEESAY, NEW YORK

60 EAST 54TH STREET, NEW YORK 22, N.Y.
TELEPHONE PLAZA 3-1066

(3)

is very real - I just want to
know what it is. I really
~~want~~ want to see you again.
I may ~~call~~ call you soon - I hope
you will be there.
We must record in New York for a
while, maybe 2 weeks.
I wish I could have spoken to your
friends at your house more. But I
didn't know what to say -
I like them. I hope I see them again.
I must leave now - Please write me
at this address: Jimi Hendrix
27 E 37th St. N.Y. N.Y.

Love to you ♡ I mu…
now

VIA AIR MAIL

Miss Uschi Obermaier
Berlin 31
Stephan Str. 60

PRIVATE

Man kann den Einfluss der 68er auf die heutige Gesellschaft gar nicht überschätzen. All das, was 1968 einfach nur revolutionär war, ist heute in der Mitte der Gesellschaft angekommen.

Allerdings lässt sich trefflich streiten, was größeren Einfluss hatte und was bis heute stärker nachhallt: Waren es die Demonstrationen, die in den Hörsälen der Universitäten und den Gemeinschaftsräumen der Kommunen ersonnenen radikalen Gedankengebilde, die Forderungen der Jugend, dass die Elterngeneration endlich damit anfangen sollte, ihre Rolle im Nationalsozialismus aufzuarbeiten? Oder war es doch etwas ganz anders? War das verändernde Element nicht eher ein Lebensgefühl, das sich am einfachsten mit der Formel „Sex and Drugs and Rock 'n' Roll" beschreiben lässt?

Uschi Obermaier kennt beide Seiten von 1968 – die Theorie und die Praxis. Und sie liebte beide, die intellektuellen Kommunarden und die Rock 'n' Roller. Ihre

USCHI OBERMAIER wurde am 24. September 1946 in München geboren. Sie wurde früh als Fotomodell entdeckt und lebte unter anderem in Berlin und London. Obermaier war Mitglied der Kommune I und eine Zeit lang mit deren Mitbegründer Rainer Langhans liiert. Ihr Privatleben war bald öffentlich – und politisch. Berühmt ist Uschi Obermaier für ihre Beziehungen mit Stars der Rock- und Popmusikszene. Sie hatte Affären mit Mick Jagger, Keith Richards und Jimi Hendrix, machte mit der Krautrock-Band Amon Düül selbst Musik. Ab 1976 reiste sie mit ihrem späteren Ehemann, der Hamburger Kiezgröße Dieter Bockhorn, in einem ausgebauten Bus mehrere Jahre um die Welt. Heute lebt Uschi Obermaier in der Nähe von Los Angeles und arbeitet dort als Schmuckdesignerin. 2006 wurde ihre Biografie unter dem Titel „Das wilde Leben" verfilmt.

Antwort auf die Frage, wer mehr Einfluss auf die gesellschaftliche Entwicklung hatte, fällt eindeutig aus. Ziemlich eindeutig. Ihrer Meinung nach hat das freie Ausleben von Sexualität mehr bewegt als jede politische Parole.

Und tatsächlich: Freie Liebe, wie sie Uschi Obermaier erlebte und auslebte, war vor der Studentenrevolte allenfalls wenigen Gestalten der Boheme (etwa der ebenfalls in diesem Buch gewürdigten Alma Mahler) vorbehalten. Vor 1968 waren die Zeiten schwer verklemmt. Die meisten Frauen waren Heimchen am Herd, die Männer waren Patriarchen, die Kinder hatten artig zu sein.

Heute ist das anders, zum Glück. Heute darf jeder, wie er kann. Viele Lebensentwürfe sind in der modernen pluralistischen Gesellschaft möglich. Väter dürfen Babypausen machen und manche Mütter, auch wenn es wenige sind, Karriere. Und Sex ist etwas ganz normales. Uschi Obermaier wurde, ja, das stimmt, zu einem Vorbild der nachfolgenden Frauengenerationen.

Stichwort Sex: In einem Fernsehinterview aus dem Jahr 2007 bezeichnete Uschi Obermaier ihre Begegnung mit Jimi Hendrix als „Three-Night-Stand". Dem Interviewpartner blieb die Spucke weg, ebenso dem Fernsehpublikum. Denn wer hat das schon: drei Nächte mit Jimi Hendrix (oder, je nach Betrachtungsweise: mit Uschi Obermaier). Hendrix jedenfalls war von diesen drei Tagen und Nächten sichtlich beeindruckt. So beeindruckt, dass der Mann, der das Monterey Pop Festival rockte und Woodstock, der die Gitarre mit nahezu allen Körperteilen virtuos zu bedienen wusste, einen wunderbaren Brief schrieb. Geradezu schüchtern fragte er bei Uschi Obermaier an, ob sie sich noch an ihn erinnere, schrieb ihr von seinen Verletzungen und entschuldigte sich etwas verschämt dafür, dass er gegenüber ihren Freunden wenig gesprächig war.

Am 14. März 1969 teilte Jimi Hendrix Uschi Obermaier mit ganz einfachen Worten seine Gefühle mit. Es ist schön, dass Uschi Obermaier seinen Brief für dieses Buch zur Verfügung stellt. Weil dieser Brief eine Zeitreise möglich macht, hin zu einer Nahtstelle der Vergangenheit, an der weniger die Intellektuellen als vielmehr die Pop-Ikonen unsere Gesellschaft befreit haben. Ganz einfach, ganz natürlich. Mit Musik und Mode, mit Sexyness – und einer unwiderstehlich coolen Attitüde.

JIMI HENDRIX wurde am 27. November 1942 als John Allen Hendrix in Seattle geboren. Nach der Scheidung seiner Eltern 1950 wuchs Hendrix bei seinem Vater auf, der 1946 seinen Namen in James Marshall Hendrix geändert hatte und ihm 1957 für fünf Dollar seine erste akustische Gitarre kaufte. Als Hendrix bei einem Autodiebstahl erwischt wurde, stand er vor der Entscheidung, für zwei Jahre ins Gefängnis zu gehen oder sich bei der Armee zu verpflichten. Hendrix entschied sich für die US Army, verpflichtete sich für drei Jahre – und wurde nach 13 Monaten wegen mangelnder Unterordnung und Disziplinlosigkeit vorzeitig entlassen. Danach konnte er sich ausschließlich auf die Musik konzentrieren. 1964 gewann er in New York seinen ersten Wettbewerb, ab 1965 war er als Gitarrist und Frontmann in verschiedenen Bands tätig. 1966 gründete er „The Jimi Hendrix Experience". Mit der ersten Single „Hey Joe" schaffte es Hendrix auf Platz vier der britischen Charts, das erste Album „Are You Experienced?" erreichte in Großbritannien sogar Platz zwei. Legendär wurden Hendrix' Festivalauftritte: Am 18. Juni 1967 verbrannte er auf dem Monterey Pop Festival seine Gitarre. 1969 interpretierte er bei dem legendären Woodstock-Festival die amerikanische Nationalhymne auf einzigartige Weise neu und funktionierte mit absichtlichen Verzerrungen und Rückkopplungen das patriotische „The Star-Spangled Banner" zum Protestsong gegen den Vietnamkrieg um. Zu Lebzeiten veröffentlichte Jimi Hendrix vier Alben, von denen „Electric Ladyland" aus dem Jahr 1968 die größte Bedeutung zugesprochen wird. Hendrix' stetig zunehmender Drogenkonsum wurde zum Problem. Fast nebensächlich war dabei, dass er dadurch immer wieder mit dem Gesetz in Konflikt geriet. Viel problematischer war, dass er seinen Konsum nicht mehr in den Griff bekam und schwerwiegende psychische wie physische Folgen davontrug. Am 18. September 1970 starb er an den Folgen des Konsums von Alkohol und Schlaftabletten. Er erstickte an seinem Erbrochenen. Wie Jim Morrison, Janis Joplin, Brian Jones und später Kurt Cobain starb Jimi Hendrix mit 27 – und wird deswegen zum „Klub 27" gezählt.

Willst du mit mir gehen?
Ja
Nein
Vielleicht
Wenn nein, warum?
Für Alex
du
ich

RUTH P. an Alex

Willst du mit mir gehen?

( ) Ja
( ) Nein
( ) Vielleicht

Wenn nein, warum?

Beziehungsanbahnung als Formular, als Multiple-Choice-Test. Zutreffendes bitte ankreuzen. Ablehnung bitte begründen. Die Mutter aller Liebesbriefe.

Ruth P., die Verfasserin dieses Briefes, ist authentisch. Wie ihr Liebesbrief, den ihr Lehrer abgefangen hat. Sie lebt irgendwo in Deutschland, alles Weitere bleibt anonym. Ruth ist elf und in Liebesdingen natürlich nicht sonderlich erfahren. Es ist schwer, sich zu offenbaren. Deshalb tut das Mädchen gut daran, wenn sie bei der Formulierung ihres ersten, zweiten oder dritten Liebesbriefs auf altbewährte Formulierungen zurückgreift.

Ihr Herz, das sie so sorgfältig auf den Brief gemalt hat, schlägt ihr ohnehin bis zum Hals. Ihre Hände schwitzen und sie merkt, dass ihre Ohren feuerrot anlaufen.

Heute gilt es. Jetzt, noch vor der großen Pause, muss Alex den Brief kriegen. Was aber, wenn der Brief in die falschen Hände gerät? Nicht auszudenken, wenn Nico aus der zweiten Reihe sich den Brief schnappt. Der würde der Klasse alles laut vorlesen, bestimmt, das hat er schon einmal mit Celinas Brief gemacht. Trotz allem, Ruth traut sich. Sie gibt den auf ein winziges Format heruntergefalteten Zettel unter der Schulbank weiter. Die Liebe ist eine Himmelsmacht. Sie besiegt jede Angst vor Entblößung. Die affigen Nicos aus der zweiten Schulbank und die gestrengen Lehrerinnen und Lehrer haben gegen die Liebe keine Chance. Selbst wenn dieses Mal der Brief vom Lehrer abgefangen wird. Sie wird es weiter versuchen.

Gibt es diese Briefe heute überhaupt noch? Nachgefragt an Schulen. Lehrerinnen und Lehrer sagen: Es gibt sie noch, sogar recht häufig. Zumindest an den Schulen, an denen ein Handyverbot nicht nur ausgesprochen, sondern auch kontrolliert wird. Nach der Schule läuft das meiste elektronisch, über SMS, den Chat im schülerVZ oder Schueler.CC, bei Facebook.

Selbst gemalte Herzchen und Frösche, die es zu Prinzen zu küssen gilt, gibt es dort nicht. Wie schade.

RUTH P. ist 1999 geboren. Sie bleibt anonym. Das hat der überhaupt nicht gestrenge Lehrer verlangt, als er diesen von ihm abgefangenen Brief für das Buch zur Verfügung stellte.

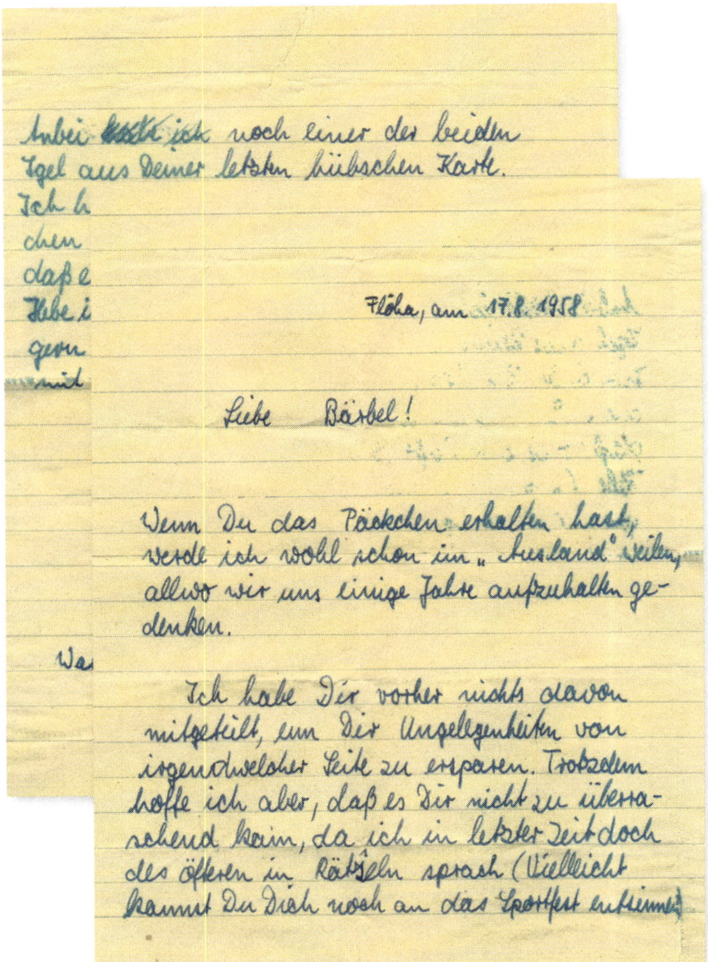

Anbei ~~hatte~~ ich noch einer der beiden Igel aus Deiner letzten hübschen Karte.
Ich h
chen
daß e
Habe i
gern
mit

Wa

Flöha, am 17.8.1958

Liebe Bärbel!

Wenn Du das Päckchen erhalten hast, werde ich wohl schon im „Ausland" weilen, allwo wir uns einige Jahre aufzuhalten gedenken.

Ich habe Dir vorher nichts davon mitgeteilt, um Dir Ungelegenheiten von irgendwelcher Seite zu ersparen. Trotzdem hoffe ich aber, daß es Dir nicht zu überraschend kam, da ich in letzter Zeit doch des öfteren in Rätseln sprach (Vielleicht kannst Du Dich noch an das Sportfest entsinnen)

Flöha, am 17.8.1958

Liebe Bärbel!

Wenn Du das Päckchen erhalten hast, werde ich wohl schon im „Ausland“ weilen, allwo wir uns einige Jahre aufzuhalten gedenken.
Ich habe Dir vorher nichts davon mitgeteilt, um Dir Ungelegenheiten von irgendwelcher Seite zu ersparen. Trotzdem hoffe ich aber, daß es Dir nicht zu überraschend kam, da ich in letzter Zeit doch des öfteren in Rätseln sprach (Vielleicht kannst Du Dich noch an das Sportfest entsinnen?)
Anbei noch einer der beiden Igel aus Deiner letzten hübschen Karte. Ich habe ihn beauftragt, Dir ein Sträußchen Blumen zu überreichen, und hoffe, daß er es zur Zufriedenheit ausrichten wird. Hebe ihn recht gut auf, denn ich hätte ihn gern einmal von Dir persönlich wieder – mit anderen Worten

Auf Wiedersehen!
Dein Rolf

Warte auf Post aus – Duisburg!

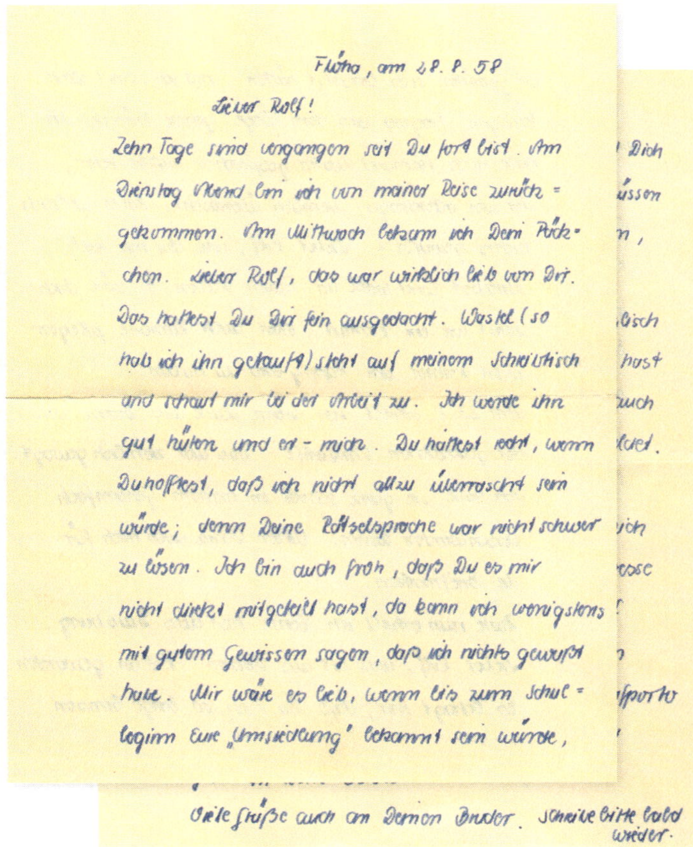

Flöha, am 28. 8. 58

Lieber Rolf!

Zehn Tage sind vergangen seit Du fort bist. Am Dienstag Abend bin ich von meiner Reise zurück=gekommen. Am Mittwoch bekam ich Dein Päck=chen. Lieber Rolf, das war wirklich lieb von Dir. Das hattest Du Dir fein ausgedacht. Wastel (so hab ich ihn getauft) steht auf meinem Schreibtisch und schaut mir bei der Arbeit zu. Ich werde ihn gut hüten und er – mich. Du hattest recht, wenn Du hofftest, daß ich nicht allzu überrascht sein würde; denn Deine Rätselsprache war nicht schwer zu lösen. Ich bin auch froh, daß Du es mir nicht direkt mitgeteilt hast, da kann ich wenigstens mit gutem Gewissen sagen, daß ich nichts gewußt habe. Mir wäre es lieb, wenn bis zum Schul=beginn Eure „Umsiedlung" bekannt sein würde,

Viele Grüße auch an Deinen Bruder. Schreibe bitte bald wieder.

Flöha, am 28.8.58

Lieber Rolf!

Zehn Tage sind vergangen seit Du fort bist. Am Dienstag Abend bin ich von meiner Reise zurückgekommen. Am Mittwoch bekam ich Dein Päckchen. Lieber Rolf, das war wirklich lieb von Dir. Das hattest Du Dir fein ausgedacht. Wastel (so hab ich ihn getauft) steht auf meinem Schreibtisch und schaut mir bei der Arbeit zu. Ich werde ihn gut hüten und er – mich. Du hattest recht, wenn Du hofftest, daß ich nicht allzu überrascht sein würde; denn Deine Rätselsprache war nicht schwer zu lösen. Ich bin auch froh, daß Du es mir nicht direkt mitgeteilt hast, da kann ich wenigstens mit gutem Gewissen sagen, daß ich nichts gewußt habe. Mir wäre es lieb, wenn bis zum Schulbeginn Eure „Umsiedlung" bekannt sein würde, die Gemüter sich beruhigt hätten, und ich somit aller lästigen Fragerei aus dem Wege gehen könnte. Ich habe noch niemand weiter gesprochen außer Peter, der war allerdings ziemlich überrascht. Hat er wirklich nichts gewußt? Lieber Rolf, was Du mir noch schreibst wird wohl ein Traum bleiben, es wäre doch sonst wie ein Roman. Aber auch Romane pflegen nicht immer ein happy end zu haben.

Am 23.8. erhielt ich Deine Karte aus Berlin von der glücklichen Ankunft. Das war ziemlich gewagt. Ich habe sie ganz schnell in meinem Geheimfach verschwinden lassen. Vielen Dank auch noch für die Briefmarken.

Heute nun erhielt ich Deine Post aus Duisburg. Lieber Rolf, was ist aus Deinen Fischen geworden? Es behagt mir, daß Du noch so lange bimsen mußt, da habe ich auch gleich wieder etwas Mut gefaßt, denn mir war in den letzten Tagen so allerhand närrisches Zeug in den Sinn gekommen. Nun nachdem ich heute Post von Dir erhalten habe, finde ich langsam in die Wirklichkeit zurück.

Eben hat es geklingelt und die Frau Nagler hat mir ausgerichtet, daß ich morgen zu Herrn Wach in die Schule kommen soll. Meine Mutti hat schon einen Schreck bekommen, aber ich denke, ich werde mit ihm schon ins Reine kommen.

Dass ich heute so einen langen Brief schreiben kann, wundert mich selber. Du mußt nämlich wissen, daß ich zum „Briefe"schreiben entschieden kein Talent habe. Ich müßte mir höchstens mal einen bei Goethe abschreiben.

Was sich weiter so in der Schule abspielt, wird Dich das noch interessieren? Die leidige Politik müssen wir bei unserer Korrespondenz auch ausschalten, bleibt also nicht viel wissenswertes übrig.

Lieber Rolf, da können wir uns ja bald Englisch unterhalten (brieflich natürlich). Mit Latein hast Du es ja schon mal versucht. Ich habe mich auch wieder zum zweiten Englischlehrgang angemeldet. Die Tanzstundenbilder kann ich Dir auch bald schicken, sie werden heute fertig, ich habe mich gekümmert. Hoffentlich hast Du noch Interesse dafür?? Für heute möchte ich meinen Brief schließen, es ist ja schon beinahe ein Roman (unser Roman), sonst darfst Du gleich Strafporto zahlen. Bleibe gesund und denke oft und gern an Deine Bärbel

Viele Grüße auch an Deinen Bruder. Schreibe bitte bald wieder.

Es waren zwei Königskinder, die hatten einander so lieb, sie konnten beisammen nicht kommen, das Wasser war viel zu tief." Die Volksballade endet tragisch. Anders die Geschichte von Bärbel und Rolf Pester. Nach „13 Jahren Ehevorbereitung im geteilten Deutschland", so der Untertitel ihrer gemeinsamen Memoiren, wenigen Treffen und über tausend Briefen erfuhr ihre Geschichte am 17. September 1971 auf dem Bahnsteig des Duisburger Bahnhofs ein Happy End. Das bis heute währt.

Aber der Reihe nach. Ihren Anfang nahm die Geschichte in der sächsischen Kleinstadt Flöha im Jahr 1958. Rolf Pester und Bärbel Geißler waren beide 16. Sie besuchten dieselbe Oberschule und lernten sich beim obligatorischen Ernteeinsatz kennen. Rolf Pester weiß noch heute, was Bärbel bei der ersten Begegnung trug: einen blauen Trainingsanzug, Gummistiefel und ein rotes Kopftuch. Und er weiß, was er dachte: „Das ist sie!" Die beiden verliebten sich ineinander, gingen zusammen zum Tanzkurs, wurden ein Paar. Alles ganz normal.

Ganz anders wurde es sechs Monate später. Die Grenze zwischen den deutschen Staaten war 1958 zumindest in Berlin noch durchlässig, die Pesters flohen aus der DDR in den Westen. Die Fluchtpläne mussten allerdings verschwiegen werden. Am Tag vor der Flucht verabschiedete sich Rolf von seiner Freundin, als sähen sich die beiden schon anderntags wieder. „Die leidige Politik", wie Bärbel Geißler in ihrem ersten Brief an Rolf Pester schreibt, diese leidige Politik – bedeutete sie nun das Ende der jungen Liebe?

Für die Menschen in der DDR war die Grenze zwischen Ost und West bald darauf dicht. Rolf Pester war nun zwar Bürger der Bundesrepublik Deutschland, durfte sich aber wegen seiner „Republikflucht" im Osten nicht blicken lassen. Bärbel Geißler konnte nicht raus. Das einzige Loch in der Grenze zwischen den deutschen Staaten und in der 1961 gebauten Mauer waren für das Liebespaar Briefe. Sicher, Briefe sind ein schwacher Ersatz für persönlichen Kontakt. Aber sie waren tragfähig genug, um die Liebe zu erhalten, sie gar wachsen zu lassen.

Dass die Briefe – zumindest von den DDR-Behörden – gelesen wurden, war beiden klar. „Die Briefe aus dem Westen kamen mitunter erst nach Wochen an und gelegentlich auch mehrere an einem Tag", erzählte Bärbel Pester einem Kamerateam des ZDF, das im Jahr 2009 einen kurzen Beitrag über die außergewöhnliche Lebens- und Liebesgeschichte der Pesters drehte. Nach entsprechendem Antrag konnte das Paar 1997 Einblick in die Stasi-Akten nehmen und fand dort eine Reihe seiner Briefe als Stasi-Kopien wieder. Bärbel Pester dazu lapidar: „Ich habe darüber gelacht. Was die sich für eine Mühe gemacht haben, um diese Schmiererei zu kopieren!"

Das darf aber nicht darüber hinwegtäuschen, dass der Bruch des Briefgeheimnisses auch in der DDR verboten war – ein Verbot, über das sich die „Abteilung M" des Ministeriums für Staatssicherheit (MfS) und die „Abteilung 12" der DDR-Post mit systematischen Kontrollen aller Postsendungen hinwegsetzten, die in den Westen gingen oder von dort kamen.

Was lange Zeit unbeobachtet blieb: Auch im Westen wurde Post aus dem anderen deutschen Staat kontrolliert. Rechtsgrundlage war die „Interzonenüberwachungsverordnung" vom 9. Juli 1951. Kurios ist, dass diese IZÜVO ihre Gültigkeit bis zum 31. Dezember 1991 behielt, also bis lange nach der deutschen Wiedervereinigung! Sinn der Verordnung war es, das „Verbringen

ROLF PESTER wurde am 28. Mai 1941 als jüngster von drei Brüdern in Chemnitz geboren. 1955 zogen seine Eltern, selbstständige Gastwirte, nach Flöha. 1958 floh seine Familie in die Bundesrepublik. Dort besuchte er eine „SBZ-Sonderklasse" im Gymnasium Adolfinum in Moers, machte 1961 Abitur, studierte bis 1964 an der Pädagogischen Hochschule Kettwig, wurde Volksschullehrer und schließlich Rektor in Issum am Niederrhein. Von seiner Jugendliebe Bärbel, die er in der DDR zurückließ, konnte und wollte er nicht lassen. Das Paar blieb über viele Jahre in brieflichem Kontakt, erst 1964 konnten sich die beiden wiedersehen. Nach ihrer persönlichen Wiedervereinigung im Jahr 1971 heirateten Sie und bekamen zwei Kinder. Rolf Pester gründete 1965 die Issumer Kantorei, die er noch heute leitet, und engagiert sich als Solosänger.

BÄRBEL PESTER wurde am 15. September 1941 als einziges Kind des Berufssoldaten Kurt Geißler und seiner Ehefrau Marianne geboren. Wie ihr Schulfreund Rolf Pester besuchte sie die Oberschule in Flöha. Sie blieb in der DDR zurück, machte 1960 ihr Abitur und studierte bis 1962 Krankengymnastik an der Medizinischen Fachschule der Karl-Marx-Universität in Leipzig. Von 1962 bis 1971 arbeitete sie als Krankengymnastin im Lenin-Krankenhaus in Karl-Marx-Stadt. Nachdem Bärbel Geißler im März 1963 einen Antrag auf eine Besuchsreise nach Westdeutschland gestellt hatte, legte die Staatssicherheit eine Akte über die junge Frau an, wegen „eventueller Vorbereitungshandlungen zur Republikflucht". Je mehr sich Bärbel Geißler um ihre Ausreise bemühte, desto größer wurden die Repressalien der Stasi mit Briefkontrollen und „Hausbesuchen". Nach der Möglichkeit zur Ausreise im Jahr 1971 und ihrer Heirat arbeitete Bärbel Pester im St.-Clemens-Hospital Geldern als Krankengymnastin. Im November 1979 konnten ihre Eltern in die Bundesrepublik übersiedeln. Bärbel Pester schied daraufhin aus dem Beruf aus und kümmerte sich um den Haushalt und ihre Eltern. Auch sie ist musikalisch und singt in der Issumer Kantorei.

von Vermögenswerten", also Waren, Zahlungsmitteln und Wertpapieren, aus dem Osten in das Bundesgebiet durch die Zollbehörden zu überwachen. Dazu bestimmte § 8 der IZÜVO, dass die Bundespost sämtliche Postsendungen aus dem Osten, die „dem Anschein nach" Waren enthielten, dem Zoll vorzuführen hatte, wo die Sendungen von Zollbediensteten geöffnet und geprüft wurden.

Trotz aller Kontrollen, die Briefe der Liebenden kamen durch. Vorausgesetzt, die Briefmarken waren unverfänglich. Denn der Kalte Krieg war auch ein Postkrieg. Empfand ein deutscher Staat die Briefmarken oder Stempel des anderen deutschen Staates als propagandistisch, wurden Marken und Aufdrucke geschwärzt. Eine weitere Waffe im Postkrieg war es, Sendungen zurückzuweisen oder gleich ganz zu vernichten. In der DDR galt zum Beispiel die westdeutsche Sondermarke, die 1965 an „Zwanzig Jahre Vertreibung" erinnerte, als bösartiges Propagandastück. Dagegen stießen dem Westen die DDR-Marke von 1971 mit der Aufschrift „Unbesiegbares Vietnam" und die Sondermarke „25 Jahre antifaschistischer Schutzwall" von 1986 unangenehm auf. Der skurrile Postkrieg zwischen den deutschen Staaten währte bis zum Fall der Mauer.

Aber zurück zu Bärbel und Rolf. Die erste Gelegenheit, sich zu sehen, ergab sich sechs Jahre nach der Trennung. Die beiden trafen sich im Sommer 1964 in Ungarn. Ein Jahr lang hatten sie ihr Wiedersehen geplant. Anfangs fremdelten die beiden, es dauerte ein paar Tage, bis die großen Gefühle wieder in Gang kamen. Aber die Liebe war noch da. Von nun an trafen sich die beiden jeden Sommer am Plattensee. Außerdem amnestierte die DDR 1964 alle Republikflüchtlinge, die bis 1958 das Land verlassen hatten. Nun durfte Rolf zwar offiziell in den Osten, die entsprechende Genehmigung konnte jedoch nur von seinen Verwandten beantragt werden. Bärbel war nicht verwandt. Und so sollte es wohl nach Absicht der Behörden auch bleiben. Bärbels Antrag auf Aufenthaltsgenehmigung und Eheschließung vom Oktober 1965 wurde vom Kreis Flöha abgelehnt. So erwirkte Rolf die Einreisegenehmigungen auf Umwegen, über Verwandte aus dem Nachbarkreis, und besuchte seine Freundin jeden Winter in Sachsen. Und die beiden schrieben sich weiter. Natürlich gab es Zweifel und Ängste, das Leben zu versäumen, sich in etwas Sinnloses zu verrennen, niemals eine Familie gründen zu können. Die Liebe blieb stärker.

Ab Mitte der 60er Jahre bemühte sich Bärbel Geißler um eine Ausreisegenehmigung, lief von Amt zu Amt. Helfen konnte ihr niemand, bis sie ihre Geschichte endlich dem einflussreichen Rechtsanwalt Wolfgang Vogel vortragen konnte. Er machte ihr Hoffnung, aber ohne jede konkrete Aussage, wann eine Ausreise möglich sei. Die Stasi war inzwischen Dauergast bei Bärbel Geißler, überwachte misstrauisch ihren „Westkontakt" und traktierte die junge Frau einfallsreich mit behördlichen Schikanen.

Dann ereignete sich 1967 ein Rückschlag. Wie üblich trafen sich Bärbel und Rolf in Ungarn, wollten diesmal aber gemeinsam nach Rumänien reisen. An der Grenze mussten die beiden ihre Pässe vorzeigen. Die Grenzer sahen auf den Papieren hier „BRD" und dort „DDR" stehen und alarmierten die Stasi. Die DDR-Behörden werteten den harmlosen Ausflug als Schleusungsversuch, woraufhin Bärbel Geißler für drei Jahre untersagt wurde, in die sozialistischen Bruderländer zu reisen. Von da an besuchte Rolf seine Bärbel zweimal jährlich in Sachsen.

Das Ringen um eine Ausreiseerlaubnis blieb zäh. Immer wieder gab es positive Signale, halbe Zusagen, Lichtblicke. Immer wieder wurden alle Hoffnungen zerstört. Bis Bärbel Geißler am 13. August 1971 endlich Gewissheit hatte. „Ausreise da", telegrafierte sie Rolf. Zwei Wörter reichten. Die Behörden forderten sie auf, ihre Sachen zu packen und alles in Listen erfassen zu lassen. Ganz unten auf der Zollliste stand: „Liebesbriefe, gebündelt". Am 17. September 1971 traf Bärbel Geißler mit 20 Gepäckstücken in Duisburg ein. Rolf stand am Bahnsteig. Drei Wochen später heirateten die beiden, 1974 kam der Sohn Frank zur Welt, 1976 die Tochter Susanne. Ihre Lebensgeschichte haben Bärbel und Rolf Pester in einem Buch verarbeitet. Der Titel verfremdet vielsagend ein Zitat: „Drum prüfe ewig, wer sich bindet".

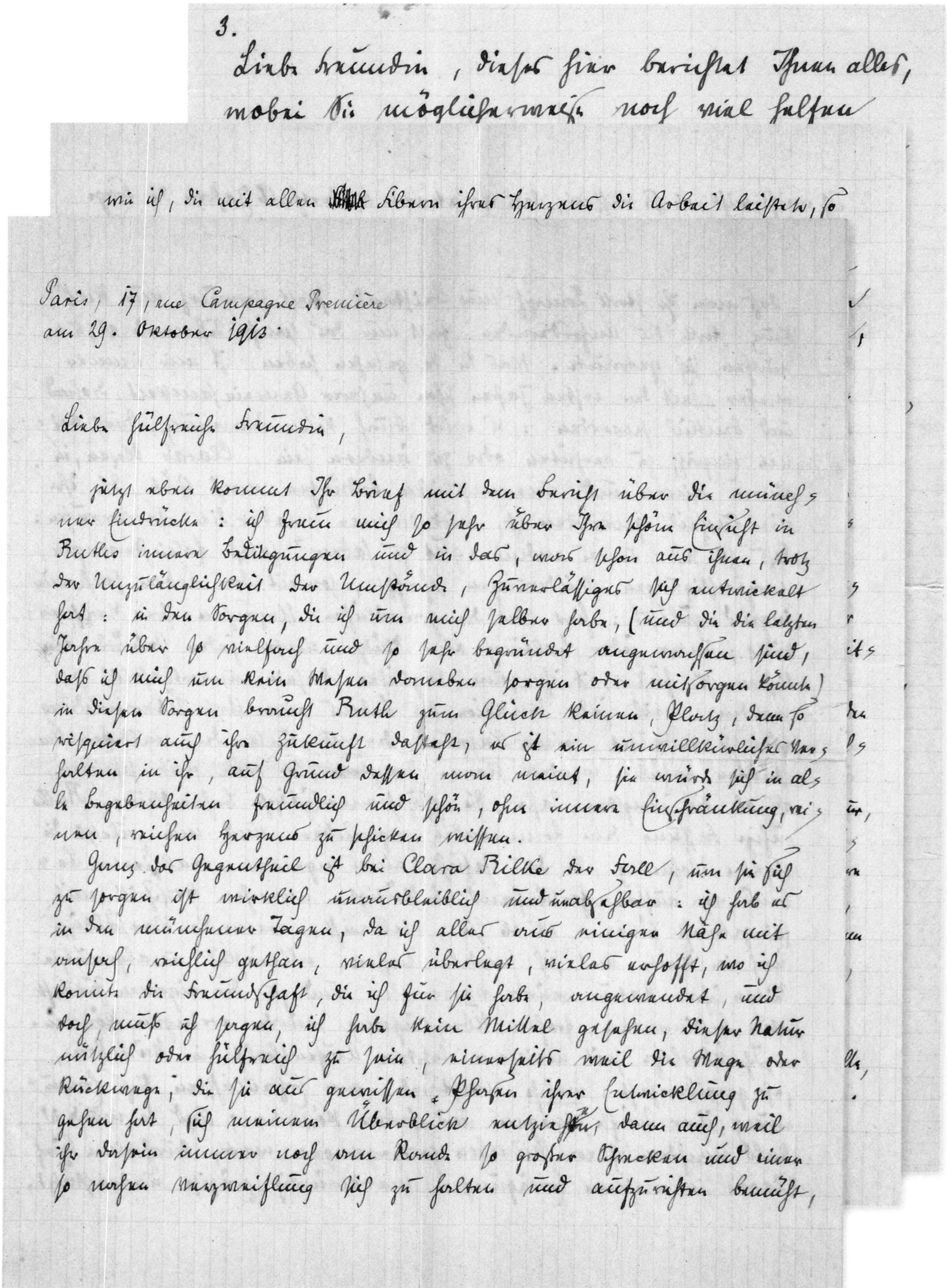
3.
Liebe Freundin, dieses hier berichtet Ihnen alles, wobei Sie möglicherweise noch viel helfen

wie ich, die mit allen ~~[illegible]~~ Fibern ihres Herzens die Arbeit leistete, so

Paris, 17, rue Campagne Première
am 29. Oktober 1913.

Liebe hülfreiche Freundin,

jetzt aber kommt Ihr Brief mit dem Bericht über die münchener Eindrücke: ich freue mich so sehr über Ihr schön Einsicht in Ruths innere Bedingungen und in das, was schon aus ihnen, trotz der Unzulänglichkeit der Umstände, Zuverlässiges sich entwickelt hat: in den Sorgen, die ich um mich selber habe, (und die die letzten Jahre über so vielfach und so sehr begründet angewachsen sind, daß ich mich um kein Maßen darüber sorgen oder mitsorgen könnte) in diesen Sorgen braucht Ruth zum Glück keinen Platz, denn so riskiert auch ihr Zukunft dasteht, es ist ein unwillkürliches Verhalten in ihr, auf Grund dessen man meint, sie würde sich in alle Begebenheiten freundlich und schön, ohne innere Einschränkung, seinen, reichen Herzens zu schicken wissen.
Ganz das Gegentheil ist bei Clara Rilke der Fall, um sie sich zu sorgen ist wirklich unvermeidlich und unabsehbar: ich hab es in den münchener Tagen, da ich alles aus einiger Nähe mit ansah, reichlich gethan, vieles überlegt, vieles erhofft, wo ich konnte die Freundschaft, die ich für sie habe, angewendet, und doch, muß ich sagen, ich habe kein Mittel gesehen, dieser Natur nützlich oder hülfreich zu sein, einerseits weil die Wege oder Rückwege, die sie aus gewissen Phasen ihrer Entwicklung zu gehen hat, sich meinem Überblick entziehen, dann auch, weil ihr darin immer noch am Rande so großer Schrecken und einer so nahen Verzweiflung sich zu halten und aufzurichten braucht,

Paris, 17, rue Campagne Première
am 29. Oktober 1913

Liebe hülfreiche Freundin,

jetzt eben kommt Ihr Brief mit dem Bericht über die münchner Eindrücke: ich freue mich so sehr über Ihre schöne Einsicht in Ruths innere Bedingungen und in das, was schon aus ihnen, trotz der Unzulänglichkeit der Umstände, Zuverlässiges sich entwickelt hat: in den Sorgen, die ich um mich selber habe, (und die die letzten Jahre über so vielfach und so sehr begründet angewachsen sind, daß ich mich um kein Wesen daneben sorgen oder mitsorgen könnte) in diesen Sorgen braucht Ruth zum Glück keinen Platz, denn so risquiert auch ihre Zukunft dasteht, es ist ein unwillkürliches Verhalten in ihr, auf Grund dessen man meint, sie würde sich in alle Begebenheiten freundlich und schön, ohne innere Einschränkung, reinen, reichen Herzens zu schicken wissen.

Ganz das Gegentheil ist bei Clara Rilke der Fall, um sie sich zu sorgen ist wirklich unausbleiblich und unabsehbar: ich hab es in den münchener Tagen, da ich alles aus einiger Nähe mit ansah, reichlich gethan, vieles überlegt, vieles erhofft, wo ich konnte die Freundschaft, die ich für sie habe, angewendet, und doch, muß ich sagen, ich habe kein Mittel gesehen, dieser Natur nützlich oder hülfreich zu sein, einerseits weil die Wege oder Rückwege, die sie aus gewissen Phasen ihrer Entwicklung zu gehen hat, sich meinem Überblick entziehen, dann auch, weil ihr Dasein immer noch vom Rande so großer Schrecken und einer so nahen Verzweiflung sich zu halten und aufzurichten bemüht, daß man ihr statt Kampf nur Beistand, statt Vorwurf nur Rath, kurz statt des Anfordernden fast nur das sonst Schonende zuzumuthen sich getraute. […]

Ich weiß nicht, ob Sie wissen, daß vor etwa anderthalb Jahren die Frage der Scheidung zwischen uns erörtert wurde: wir befanden uns damals der Thatsache gegenüber vollkommen im Einklang, nur eine gewisse Rücksicht auf meine Mutter und einige andere oberflächlichere Gründe veranlaßten uns, diesen Schritt hinauszuschieben. Der Brief Clara's nun, von dem ich spreche, brachte diese Absicht in Erinnerung und enthielt den Wunsch, sie nun so bald als möglich durchgeführt zu sehen. Wie die Dinge sich immer im Stillen verständigen: auch der wiener Advokat schickte gerade in diesen Tagen seine Note über die seinerzeit vorgeleisteten Orientierungen und fragte, ob wir noch daran dächten, das Verfahren seinen Weg nehmen zu lassen. […]

Was die praktischen Bedingungen der Scheidung angeht, so hat damals ein wiener Advokat die nöthigen Informationen zusammengetragen, man würde wahrscheinlich dort das Verfahren am raschesten und unauffälligsten durchführen können, ohne daß wir genöthigt sind, mehr als ein oder zweimal uns persönlich dort einzufinden. Die Kosten allerdings sind ja, wenn man auch noch die Reisen einbezieht, beträchtlich: das Verfahren selbst ist auf etwa 1500 Kronen veranschlagt, man muß eher mehr rechnen, und etwa noch 1000 Kronen für Reisen und Aufenthalte, die ich ja auch Clara möglichst vergüten würde. Wenn wir den ja nun einmal angenommenen Gesichtspunkt beibehalten, daß die für Ruth ursprünglich vorhanden gewesenen 10.000 Mark auch ihr am Meisten zugute kommen, wenn wir uns entschließen, so viel als möglich unter Zuhülfenahme dieses Kapitals die Schwierigkeiten, wie sie jetzt vor uns liegen, zu übersteigen, so fragt es sich, ob wir im gegenwärtigen Fall uns nicht berechtigt sehen könnten, die Scheidung gleichfalls noch aus diesen Mitteln zu bestreiten? Sie sprachen in Berlin davon, daß auch die Möglichkeit bestünde, das, was noch von den Zehntausend Mark bleibt, ganz auf meinen Namen zu überschreiben; ich hielte dies auch jetzt nicht für das Richtige, da ich selbst zu schlecht mit dem Gelde zu rechnen weiß; doch wäre mein Vorschlag etwa dieser: Wir legen diejenige Summe zurück, die erforderlich ist, um noch während eines Jahres, vom 1. Januar 1914 an, die vierteljährigen Zahlungen an Clara Rilke fortzusetzen; das sind, wenn ich nicht irre, 3600 Mark? Damit wäre das Leben der Beiden in München noch für ein ganzes Jahr unter den Schutz dieser selben, sehr günstigen Bedingungen gesetzt, für das erste Jahr, das schon in den Bereich einer neuen Selbständigkeit fiele, im Falle wir jetzt gleich die Durchführung der Scheidung beantragten. Was noch über 3600 Mark da ist (ich weiß nicht wieviel es ist) würde ich Sie eventuell bitten, auf mein hiesiges Konto beim Crédit Lyonnais übertragen zu lassen, alles in der Voraussetzung, daß Ihnen mein Vorgehen in jeder Weise recht und nützlich scheint. Dieser Betrag würde wahrscheinlich reichlich genügen, die Kosten der Scheidung und aller damit zusammenhängenden Auslagen zu decken, und wir kämen, mit seiner Hülfe, an einen Punkt, von dem aus eine thatsächliche Ordnung vor uns läge. [...]

Liebe Freundin, dieses hier berichtet Ihnen alles, wobei Sie möglicherweise noch viel helfen können: thun Sie es nicht, wenn das geringste Bedenken Sie davon abhält, auch drängen Sie sich keine rasche Antwort ab; wenn der Augenblick Ihnen keine diktiert, so warten Sie so lang Sie mögen mit dem Bescheid auf meine grenzenlose Epistel. Daß ich Sie nun doch mit alledem, aus Ihrem heutigen Schreiben heraus, beschäftigt fühlte, hat mich so weit in alles das eingelassen. Ich kündigte Ihnen (über Nikolassee) einen solchen Brief schon an, dachte freilich nicht, daß er solche Dimensionen haben würde. Da ist er nun, wie er ist, nehmen Sie ihn in Ihres Herzens Nachsicht hin, und vergessen Sie nicht, wieviel mir schon das allein hilft, daß ich ihn, im Bewußtsein Ihres wahren reinen Aufmerkens, schreiben konnte.

Gutes für Florenz, Gutes weiterhin –,
und bis zum nächsten Mal herzlich
und dankbar
der Ihre
Rilke.

Zwei Dinge braucht ein Künstler: eine Muse und einen Mäzen. Erstere ist meist weiblich, Letzterer meist männlich. Das hat etwas mit der traditionellen Rollenverteilung zu tun und auch etwas mit den ökonomischen Verhältnissen: Noch heute liegt das Vermögen meist in Männerhand, zu Rilkes Lebzeiten galt das umso mehr. Anders war das bei Eva Cassirer. Sie war nicht Rilkes Muse und nicht seine Geliebte. Sie war seine Gönnerin. Die Tochter eines Bankiers verfügte über ein ansehnliches Vermögen. Bei ihrer Hochzeit überließ sie dem Dichter, den sie über die Maßen bewunderte, ihre Mitgift von 10.000 Mark, die ihr Vater ihr gegeben hatte und die Rilke für die private

EVA CASSIRER wurde 1885 als Eva Solmitz geboren. Die Tochter eines vermögenden Bankiers war mit Edith Cassirer-Geheeb befreundet, die gemeinsam mit ihrem Mann Paul Geheeb die Odenwaldschule in Heppenheim gegründet hatte, eine Privatschule mit reformpädagogischen Grundsätzen. Eva lernte über diese Freundschaft Ediths Bruder Kurt Cassirer kennen, den sie 1909 heiratete. Während des Ersten Weltkriegs, als männliches Lehrpersonal knapp wurde, begann Eva Cassirer, Deutsch und Geschichte an der Odenwaldschule zu unterrichten. 1933 wurde die Schule von SA- und SS-Truppen überfallen, Evas Bruder Fritz Solmitz, ein sozialdemokratischer Politiker, Jurist und Journalist, wurde deportiert und starb später im KZ Fuhlsbüttel. 1939 gingen Eva und Kurt Cassirer nach England ins Exil. Sie kehrten 1946 zurück und übernahmen bis in die 70er Jahre die Leitung der Odenwaldschule. 1974 starb Eva Cassirer.

Erziehung seiner Tochter Ruth verwenden sollte. Rilke zwackte sich jedoch immer wieder etwas davon für eigene Zwecke ab – selbstverständlich nicht, ohne zuvor höflich bei Cassirer um Erlaubnis zu fragen.

Als Rilke also 1913 – nicht zum ersten Mal – erwog, sich von seiner Frau scheiden zu lassen, bat er Eva Cassirer um Unterstützung. Die Liebe zwischen den Eheleuten Rilke war längst erkaltet. Geheiratet hatten Rainer Maria Rilke und Clara Westhoff im Jahr 1901 – und schon ein Jahr später war die Ehe zerrüttet.

Rilke benötigte weniger den psychologischen Beistand der 28-jährigen Eva Cassirer. Rilke brauchte Geld. Doch er war zu sehr Poet, um mit der Tür ins Haus zu fallen. Wie entschuldigend erklärte er zunächst ausführlich die vielfältigen Probleme, die es zwischen ihm und seiner Frau Clara gab, bevor er in seinem Brief das Finanzielle anschnitt. Ganz und gar nicht weltfremd, hatte sich Rilke bereits erkundigt, wie teuer die Scheidung würde. Wie ein Buchhalter hatte er berechnet, welchen Betrag er (unter „Zuhülfenahme" der Mitgift) benötigen würde, um das Scheidungsverfahren hinter sich zu bringen und seiner Tochter und seiner Frau für die kommenden Jahre ein anständiges Leben zu ermöglichen.

War Rilke ein Schnorrer? Obwohl sein Anliegen dreist erscheinen mag, wäre diese Behauptung ungerecht. Große Kunst verspricht nicht immer großes Geld. Wer nicht le Carré oder Follett heißt, wer nicht Spannungsromane, sondern Gedichte schreibt, wird auch heute mit seinen Büchern selten reich. Daran hat sich seit Rilkes Zeit wenig geändert. Künstler brauchen Mäzene ebenso wie Musen. Und Eva Cassirer war wohl bewusst, dass sie mit ihren Zuwendungen große Kunst unterstützte. Sie brauchte Rilkes Zeilen zum Leben wie Rilke ihr Geld. Die Freundschaft war also stets zu beider Vorteil. Zur Scheidung des Ehepaars Rilke-Westhoff kam es übrigens nie. Ob es am Geld lag, ob andere Hindernisse im Weg standen oder ob es sich Rilke gar anders überlegt hat, ist unbekannt.

RAINER MARIA RILKE (eigentlich René Karl Wilhelm Johann Josef Maria Rilke) wurde am 4. Dezember 1875 in Prag, damals Österreich-Ungarn, geboren. Kindheit und Familienverhältnisse waren schwierig. Seine Mutter entstammte einem großbürgerlichen Haus, Rilkes Vater hingegen kam nicht über den Status eines Eisenbahnbeamten hinaus. Rilkes ältere Schwester starb eine Woche nach der Geburt, was die Mutter nie verwand. Der kleine René (frz. = der Wiedergeborene) wurde in den ersten sechs Lebensjahren in Kleidchen gesteckt und als Mädchen erzogen. Die Ehe der Eltern ging 1884 in die Brüche, Rilke war ein Scheidungskind. Die Vorbereitung auf eine Offizierslaufbahn scheiterte 1891 aus gesundheitlichen Gründen. Rilke erhielt schließlich Privatunterricht bis zum Abitur. Danach studierte er Philosophie, Kunstgeschichte und Literatur. 1896 traf er Lou Andreas-Salomé und ging mit der verheirateten und einige Jahre älteren Schriftstellerin eine Liebesbeziehung ein. Sie überzeugte ihn, den Vornamen René gegen das maskuliner klingende Rainer einzutauschen. Auch nach dem Ende der Liebesbeziehung hielt die Freundschaft lebenslang an.

1899 schrieb Rainer Maria Rilke die hymnische Erzählung „Die Weise von Liebe und Tod des Cornets Christoph Rilke". 1906 erstellte er eine neue Fassung, die 1912 als Nummer eins der Insel-Bücherei in Druck ging und ein Millionenbeststeller wurde. 1910 erschien der einzige Roman Rilkes, „Die Aufzeichnungen des Malte Laurids Brigge". In der Folgezeit, verstärkt durch die Eindrücke des Ersten Weltkriegs, erlebte Rilke eine tiefe Schaffenskrise. 1916 wurde er eingezogen. Zwar kam er um einen Kampfeinsatz herum und musste seinen Dienst nur im Kriegsarchiv verrichten. Die Schrecken des Kriegs ließen Rilke dennoch verstummen. 1919 nahm er seine Schriftstellertätigkeit wieder auf, vollendete die 1912 begonnenen „Duineser Elegien" und verfasste seine „Sonette an Orpheus".

Rilkes Verhältnis zu Frauen war ein sehr spezielles. Das Thema „Rilke und die Frauen" füllt ganze Bände. Er stolperte von einer Amour fou in die nächste. Rilke war – wohl geprägt durch seine Erziehung – ein großer Frauenversteher, hielt es aber bei keiner lange aus. Seine Ehe mit der Bildhauerin Clara Westhoff konnte ihn nicht halten: Er ging schon nach kurzer Zeit wieder seiner Wege, auch wenn er die Beziehung ein Leben lang aufrechterhielt. Typisch ist seine Hinwendung zu älteren Frauen, die ihn auch als Mäzeninnen unterstützten. Die letzten Lebensjahre Rilkes waren von gesundheitlichen Problemen überschattet, er erkrankte an Leukämie und starb am 29. Dezember 1926 in einem Sanatorium bei Montreux.

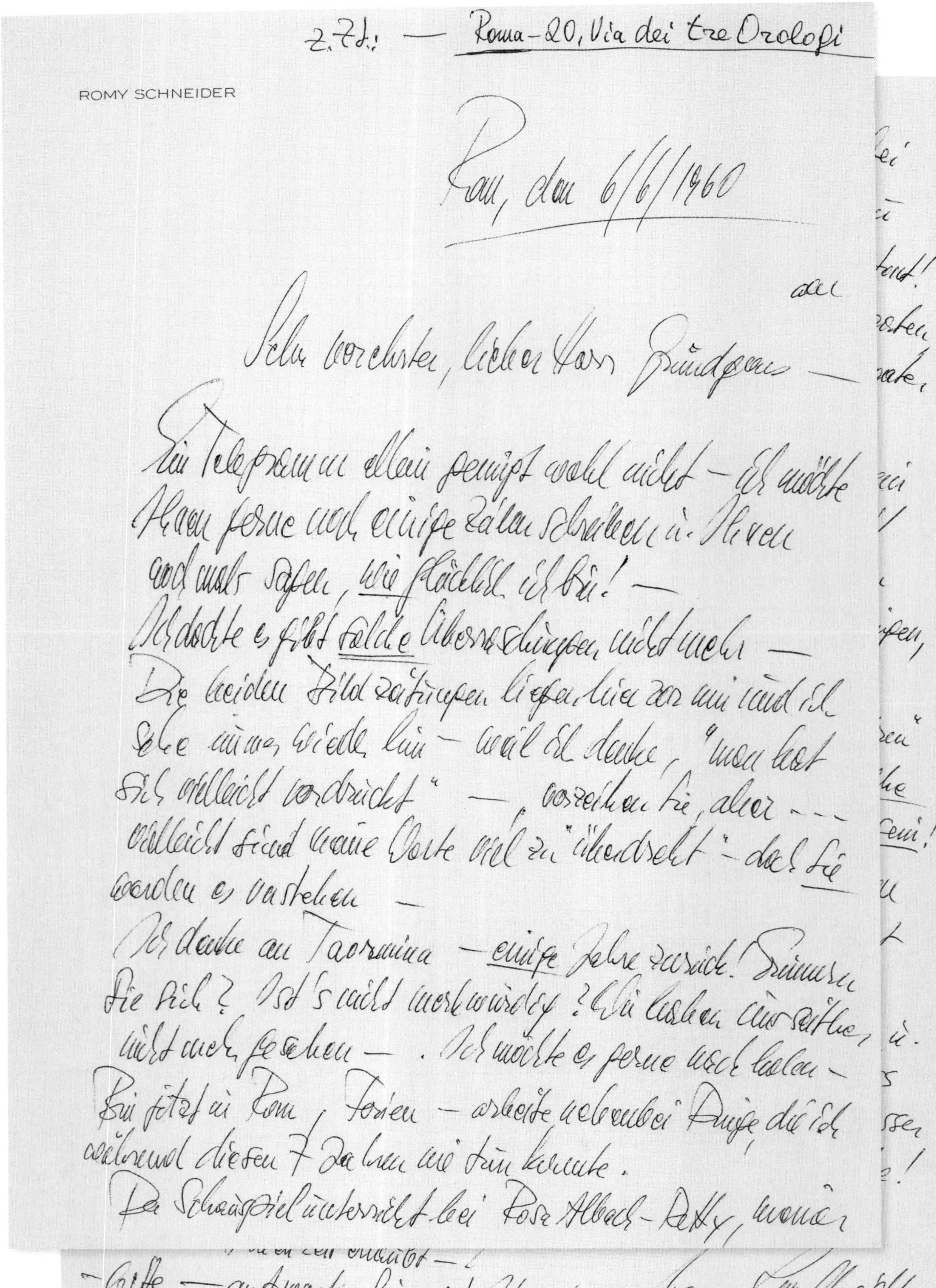

z. Zt.: — Roma – 20, Via dei tre Orologi

ROMY SCHNEIDER

Rom, den 6/6/1960

Sehr verehrter, lieber Herr Gründgens —

Ein Telegramm allein genügt wohl nicht — ich möchte Ihnen gerne noch einige Zeilen schreiben u. Ihnen nochmals sagen, wie glücklich ich bin! —
Ich dachte es gibt solche Überraschungen nicht mehr —
Die beiden Bildzeitungen liegen hier vor mir und ich sehe immer wieder hin — weil ich denke, "man hat sich vielleicht verdruckt" —, verzeihen Sie, aber ... vielleicht sind meine Worte viel zu "überdreht" — doch Sie werden es verstehen —
Ich denke an Taormina — einige Jahre zurück! Erinnern Sie sich? Ist's nicht merkwürdig? Wir haben uns seither nicht mehr gesehen —. Ich möchte es gerne nachholen —
Bin jetzt in Rom, Ferien — arbeite nebenbei Dinge die ich während diesen 7 Jahren nie tun konnte.
Den Schauspielunterricht bei Rosa Albach-Retty, meiner

... Zeit erlaubt — !
— Bitte — antworten Sie mir! Ich warte sehr!

ROMY SCHNEIDER an Gustaf Gründgens

z. Zt.: – Roma – 20, Via dei tre Orologi
Rom, den 6/6/1960

Sehr verehrter, lieber Herr Gründgens –

Ein Telegramm allein genügt wohl nicht – ich möchte Ihnen gerne noch einige Zeilen schreiben u. Ihnen nochmals sagen, wie glücklich ich bin! –

Ich dachte es gibt solche Überraschungen nicht mehr – Die beiden Bildzeitungen liegen hier vor mir und ich sehe immer wieder hin – weil ich denke, „man hat sich vielleicht verdruckt" –, verzeihen Sie, aber ... vielleicht sind meine Worte viel zu „überdreht" – doch Sie werden es verstehen –

Ich denke an Taormina – einige Jahre zurück! Erinnern Sie sich? Ist's nicht merkwürdig? Wir haben uns seither nicht mehr gesehen –. Ich möchte es gerne nachholen – Bin jetzt in Rom, Ferien – arbeite nebenbei Dinge, die ich während diesen 7 Jahren nie tun konnte.

Der Schauspielunterricht bei Rosa Albach-Retty, meiner Großmutter – ist eine sog. „Zeitungsente" – ich war bei ihr – habe mir Theaterstücke von ihr geben lassen um es zu lesen – und mich viel viel mit ihr unterhalten – c'est tout! Denn sie hatte mir einmal vom regelrechten Unterricht abgeraten, eher einen großen Regisseur – mit dem ich arbeite, sei's Theater oder Film – und dies habe ich mir vorgenommen.

Lieber Herr Gründgens – es klingt vielleicht sehr überheblich für ein Mädchen von 22 Jahren – doch ich möchte Ihnen gerne sagen, daß ich diesen wunderbaren Beruf zu sehr liebe – um weiterhin Dinge zu machen, die zwar den Verleihern u. Produzenten viel Geld bringen, aber mir – nichts – garnichts! Außer den Ruf einer „süßen Puppe" – einer Marionette die tanzt, wie „die vielen Andren" es haben wollen – aber in ihrem Innersten eine so schreckliche Sehnsucht hat – mehr zu geben – mehr zu zeigen, mehr zu sein!

Ich werde warten; es ist oft schwer zu warten – doch ich werde es durchstehen, bis ich das gefunden habe, was lohnenswert ist. Und ich weiß – es wird kommen –!

Ich könnte mich Stunden u. Stunden mit Ihnen unterhalten u. ich weiß, dass ich jemand gefunden habe – dass mir der Herrgott jemand geschickt hat – der mich besser versteht als alle andren dieser verdammten Branche!

Nämlich: ganz! – Alle meine Gedanken –

Wenn es Ihr bißchen Zeit erlaubt –

– bitte – antworten Sie mir! Ich warte sehr!

Ihre Romy Schneider

ROMY SCHNEIDER an Gustaf Gründgens

1955. Der Zweite Weltkrieg war gerade einmal zehn Jahre her. Die Fußballweltmeisterschaft war gewonnen, die Schornsteine rauchten. „Wir sind wieder wer", sagten die Leute. Und sie sehnten sich nach einer heilen Welt. Denn heil waren die 50er Jahre nicht. Sondern in sich zerrissen. Jedes zehnte Kind kam als uneheliches zur Welt. Aber wenn ein Vermieter Herrenbesuche nach 22 Uhr duldete, konnte er wegen Kuppelei eingesperrt werden. Frauen stellten ein Drittel der Beschäftigten, ihre Arbeitskraft wurde im Wirtschaftswunderland dringend gebraucht. Wenn aber eine verheiratete Frau eine Arbeit ergreifen wollte, brauchte sie dafür die schriftliche Einwilligung ihres Mannes. Der konnte sogar den Arbeitsvertrag seiner Frau kündigen, wenn es sein musste, auch gegen ihren Willen. Und die Frauen mussten sich fügen. Dies zeigt sich auch im Schönheitsideal der Zeit. Der Frau, die in der ersten Nachkriegszeit als Trümmerfrau den Schutt wegräumte, die als Kriegerwitwe allein kleine Kinder durchbringen musste, dieser früher so selbstständigen Frau wurde nun wieder ein Korsett angelegt. Die Roben wurden damenhaft elegant, die Pfennigabsätze spitz, die Frisuren hochtoupiert und unpraktisch.

Und all das, der ganze Muff der 50er, gipfelte in einer Filmtrilogie: „Sissi". Der erste Teil kam 1955 in die Kinos, 1956 ging es weiter mit „Sissi – die junge Kaiserin", Teil drei erschien ein Jahr später und hieß „Sissi – Schicksalsjahre einer Kaiserin". Karlheinz Böhm als männlicher Hauptdarsteller musste danach im Jahr 1959 in „Peeping Tom" einen irren Serienmörder spielen, um den Traumprinzen Franz von sich abstreifen zu können. Romy Schneider wurde vom Kinopublikum noch stärker auf das Prinzessinnen-Image festgelegt. Einmal Sissi, immer Sissi. Gefangen in einer spießigen Rolle – und gefangen in einer spießigen Zeit. Romy Schneider wollte sich häuten und musste sich häuten. Sie wollte, wie sie dem großen deutschen Theatermann Gustaf Gründgens schrieb, nicht länger eine süße Puppe sein, die andere für sich tanzen lassen. Sondern das, was sie später wurde: eine ernst zu nehmende Schauspielerin.

Der große deutsche Schauspieler, Regisseur und Intendant **GUSTAF GRÜNDGENS** wurde am 22. Dezember 1899 in Düsseldorf geboren. Er entstammte einer Industriellenfamilie. Im Ersten Weltkrieg diente er als Kriegsfreiwilliger an der Westfront, wo er sich einem Fronttheater anschloss und 1918 nach dessen Umzug nach Thale im Harz die Leitung übernahm. Nach dem Krieg studierte Gründgens bis 1920 an der Düsseldorfer Theaterakademie und erhielt danach Engagements an Provinztheatern. 1923 ging er als Schauspieler an die Hamburger Kammerspiele, wo er ab 1924 auch Regie führte. Zu seinen frühesten Inszenierungen gehörte das Stück „Anja und Esther" von Klaus Mann. Die Hauptrollen spielten Gustaf Gründgens, Pamela Wedekind, der Autor selbst und dessen Schwester Erika. Gustaf Gründgens und Erika Mann heirateten 1926. Die Ehe wurde 1929 geschieden.

Entscheidend für Gründgens' weitere Karriere wurde die Begegnung mit Max Reinhardt, der ihn 1928 an das Deutsche Theater nach Berlin holte, damals die führende Theaterstadt der Welt. 1932 wurde Gründgens zugleich Regisseur am Preußischen Staatstheater in Berlin. Dort inszenierte er beides: die großen Klassiker und Stücke der Moderne. Seine erste Rolle war die des Mephisto in Goethes „Faust" – die Paraderolle seines Lebens. Den Teufel interpretierte Gründgens ab 1922 mehr als 600 Mal. In Erinnerung geblieben ist dabei vor allem die „Faust"-Verfilmung aus dem Jahr 1960.

Während des Dritten Reichs avancierte Gründgens zu einer der bedeutendsten Persönlichkeiten des deutschen Theaters. Trotz seiner Homosexualität. Die war in Berlin ein offenes Geheimnis. Während andere Homosexuelle verfolgt und in den Konzentrationslagern ermordet wurden, wurde Gründgens von den Nazis hofiert. Einen besonders eifrigen Förderer hatte der Theatermann in Hermann Göring. Zu Joseph Goebbels, dem als Reichsminister für Volksaufklärung und Propaganda im gleichgeschalteten Deutschland alle Theater unterstanden – mit Ausnahme des Preußischen Staatstheaters in Berlin, wo Göring als Preußischer Ministerpräsident das Sagen hatte, – hielt Gründgens vorsichtige Distanz. Göring sorgte auch dafür, dass sein Günstling Gründgens 1944 auf die „Gottbegnadetenliste" gesetzt wurde – eine Liste wichtiger Kulturschaffender, die „uk" gestellt wurden, also „unabkömmlich" und vom Kriegsdienst befreit.

Nach dem Krieg wurde Gründgens in der sowjetischen Besatzungszone in einem Speziallager inhaftiert. Der Schauspieler Ernst Busch, den Gründgens durch Fürsprache bei Göring vor dem Galgen gerettet hatte, setzte sich für die Freilassung seines Retters ein, mit Erfolg. 1946 stand der Theatermann wieder auf der Bühne, zuerst im sowjetisch besetzten Ostberlin, dann in Düsseldorf. Von

1955 an war Gründgens Generalintendant am Deutschen Schauspielhaus in Hamburg. Seinen Vertrag löste er 1963 überraschend auf und ging auf Weltreise. Am 7. Oktober 1963 starb er in Manila an einer Magenblutung infolge einer Vergiftung mit Schlaftabletten. Ob es Suizid oder ein Unfall war, ist ungeklärt.

Mit dem „Faust"-Film von 1960 hat sich Gründgens als Theatermann ein Denkmal gesetzt. Es hat sich aber auch ein anderes und weniger schönes Stück Kulturgeschichte erhalten. In seinem im Exil geschriebenen und 1936 veröffentlichten Roman „Mephisto" beschreibt Klaus Mann, wie sein ehemaliger Schwager Gründgens in den Anfangsjahren der Nazidiktatur Karriere machte – ohne Rücksicht auf Moral und Anstand. Wenngleich Mann abstritt, dass es sich beim „Mephisto" um einen Schlüsselroman handele, tritt Gustaf Gründgens darin kaum chiffriert als „Hendrik Höfgen" auf. Zu Gründgens gehören eben beide Bilder: das des begnadeten Künstlers und das des Opportunisten und Karrieristen, der es verstand, den Mächtigen einer Diktatur zu schmeicheln.

ROMY SCHNEIDER an Gustaf Gründgens

Woher Romy Schneider, die noch am Anfang ihrer Karriere stehende junge Schauspielerin, und Gustaf Gründgens, der große Mann des deutschen Theaters und Films, sich kannten? Die „verdammte Branche", wie Romy Schneider schrieb, war immer schon klein. Außerdem hatte Gründgens im Jahr 1933 zusammen mit Romy Schneiders Mutter Magda Schneider den Film „Liebelei" gedreht. Regie führte Max Ophüls, die gleichnamige Literaturvorlage stammt von Arthur Schnitzler. Als die „Liebelei" im Übrigen 1958 unter dem Filmtitel „Christine" neu verfilmt wurde, stand dafür Romy Schneider zusammen mit ihrem Geliebten Alain Delon vor der Kamera.

Wie viel Gründgens als väterlicher Freund für den Rollenwechsel Romy Schneiders tun konnte, ist nicht überliefert. Den Imagewandel beeinflusste allerdings hauptsächlich ein anderer, ein Jüngerer – der bereits erwähnte Alain Delon. Wie Romy Schneiders Lebensgeschichte weiterging und endete, ist aus Tausenden Presseartikeln, aus Biografien und Dokumentationen ihres Lebens bekannt: Frankreich, Hollywood, wieder Frankreich, die Trennung von Delon im Jahr 1964, andere Männer, viele Männer, zwei gescheiterte Ehen, Alkohol und Tabletten, die damit verbundenen Zusammenbrüche, der tragische Tod ihres Sohnes und zuletzt ihr eigener tragischer Tod im Jahr 1982.

Zehn Jahre vor ihrem Tode aber rechnete die große Schauspielerin Romy Schneider mit der Sissi ab. Unter der Regie von Luchino Visconti und an der Seite des Exzentrikers Helmut Berger als Märchenkönig Ludwig II. spielte Romy Schneider ein letztes Mal die Kaiserin Elisabeth von Österreich. Das weiße Brautkleid mit den Sternen, das Requisit aus den Sissi-50ern, lag bei Visconti tief in der Mottenkiste begraben. Romy Schneiders Elisabeth war nun eine Domina ganz in Schwarz.

ROMY SCHNEIDER wurde am 23. September 1938 in Wien als Rosemarie Magdalena Albach geboren. Sie entstammte einer Schauspielerdynastie. Schon ihre Großmutter Rosa Albach-Retty war bis zu ihrem 84. Lebensjahr Schauspielerin am Wiener Burgtheater. Dort arbeitete auch Romy Schneiders Vater Wolf Albach-Retty, den es aber bereits 1927 zum Film zog. Romy Schneiders Mutter war Magda Schneider, eine große Schauspielerin des deutschen Films. Zu ihren Verehrern zählte Adolf Hitler, darüber hinaus war Magda Schneider gern gesehener Gast bei Goebbels' Abendgesellschaften.

Romy Schneiders Filmkarriere begann im Sommer 1953. Zusammen mit ihrer Mutter trat sie in der Heimat-Schmonzette „Wenn der weiße Flieder wieder blüht" auf. Nach weiteren sentimentalen Streifen, die Romy Schneider auf den Typ des „süßen Mädels" festlegten, kam 1955 der große Erfolg mit „Sissi" und seinen beiden Sequels in den darauffolgenden zwei Jahren. Einen vierten „Sissi"-Film lehnte Romy Schneider vehement ab. Daraufhin fiel sie 1959 in einer von den deutschen Filmtheatern aufgestellten Beliebtheitsskala vom ersten auf den zwanzigsten Platz ab. Der Grund: Romy Schneider hatte endgültig mit dem „Sissi"-Etikett gebrochen. Sie war nach Paris gegangen und hatte sich dort mit dem französischen Schauspieler Alain Delon verlobt. In rasender Geschwindigkeit lernte sie Französisch, um als Schauspielerin arbeiten zu können. Unterstützung bekam sie vom Regisseur Luchino Visconti. In den folgenden Jahren arbeitete Romy Schneider mit ihm und Regisseuren wie Orson Welles, Otto Preminger, Jules Dassin, Jacques Deray, Joseph Losey und Claude Sautet zusammen und wurde zu einem internationalen Star.

Weniger glücklich war Romy Schneiders Privatleben. Als Alain Delon sich 1964 von ihr trennte, unternahm sie einen Selbstmordversuch. 1966 heiratete sie den Boulevard-Schauspieler und Theaterregisseur Harry Meyen. Am 3. Dezember 1966 kam der gemeinsame Sohn David Christopher zur Welt. Meyen profitierte beruflich vom Ruhm seiner Frau und lebte von ihrem Geld. Allerdings konnte er sich mit dieser Nebenrolle nicht abfinden, wollte stets der Herr im Hause sein. Die Beziehung war schwierig, zumal Romy Schneider 1968 wieder mit Alain Delon drehte („Der Swimmingpool"). Romy Schneider und Harry Meyen trennten sich 1973, zwei Jahre später wurde die Ehe geschieden. Frisch geschieden, heiratete Romy Schneider Daniel Biasini. Die Boulevardpresse reagierte hämisch auf die Ehe mit ihrem elf Jahre jüngeren Sekretär. 1977 kam die gemeinsame Tochter Sarah Magdalena zur Welt. 1979 brachte sich Romy Schneiders Ex-Mann Harry Meyen um. Die Ehe mit Biasini zerbrach schnell und wurde 1981 geschieden. Am 5. Juli 1981 starb der Sohn David Christopher einen tragischen Unfalltod. Der 14-Jährige spießte sich beim Klettern über einen Zaun an einer Metallspitze auf. Kurz danach drehte Romy Schneider ihren letzten Film, „Die Spaziergängerin von Sans-Souci" – ein künstlerisches Vermächtnis: Die Naheinstellungen auf ihr Gesicht zeigen die ganze große Tragik ihres Lebens. Am 29. Mai 1982, wenige Wochen nach der Premiere des letzten Films, wurde Romy Schneider von ihrem Lebensgefährten Laurent Pétin tot in der gemeinsamen Pariser Wohnung aufgefunden.

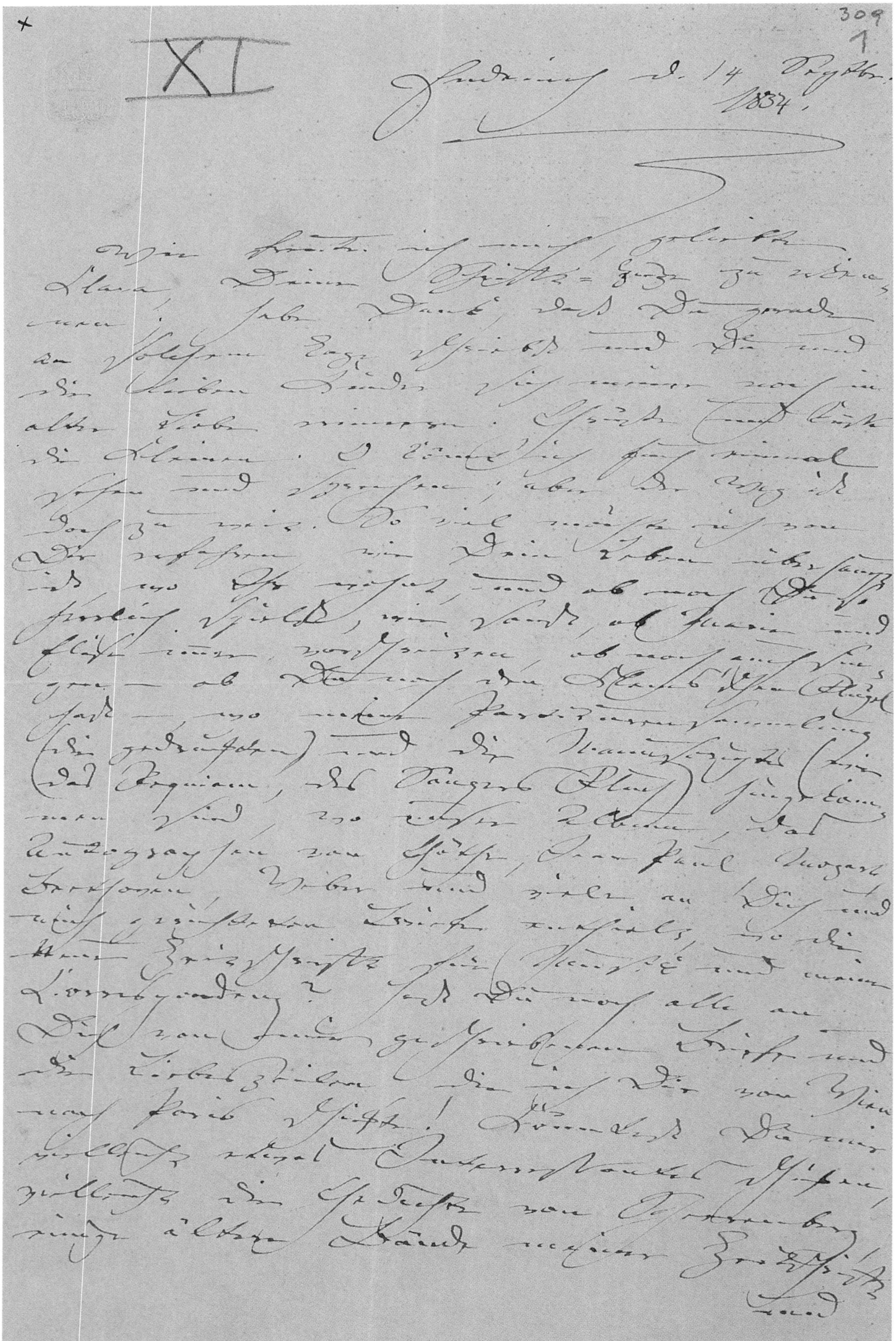
309
XI
d. 14 Septbr.
1834.

ROBERT SCHUMANN an Clara Schumann

Endenich d. 14 Septbr. 1854.

Wie freute ich mich, geliebte Clara, Deine Schrift-Züge zu erkennen; habe Dank, daß Du gerade an solchem Tage schriebst und Du und die lieben Kinder sich meiner noch in alter Liebe erinnern. Grüße und küsse die Kleinen. O könnt ich Euch einmal sehen und sprechen; aber der Weg ist doch zu weit. So viel möchte ich von Dir erfahren, wie Dein Leben überhaupt ist, wo Ihr wohnt, und ob noch Du so herrlich spielst, wie sonst, ob Marie und Elise immer vorschreiten, ob noch auch singen – ob Du noch den Klemm'schen Flügel hast –, wo meine Partiturensammlung (die gedruckten) und die Manuskripte (wie das Requiem, des Sängers Fluch) hingekommen sind, wo unser Album, das Autographen von Göthe, Jean Paul, Mozart, Beethoven, Weber und viele an Dich und mich gerichtete Briefe enthielt, wo die Neue Zeitschrift für Musik und meine Korrespondenz? Hast Du noch alle an Dich von mir geschriebenen Briefe und die Liebeszeilen, die ich Dir von Wien nach Paris schickte! Könntest Du mir vielleicht etwas Interessantes schicken, vielleicht die Gedichte von Scherenberg, einige ältere Bände meiner Zeitschrift und die musikalischen Haus- und Lebensregeln. Dann fehlt es mir sehr an Notenpapier, da ich manchmal etwas an Musik aufschreiben möchte. Mein Leben ist sehr einfach und ich erfreue mich nur immer an der schönen Aussicht nach Bonn, und wenn ich da bin, an dem Siebengebirge und an Godesberg, an das Du Dich auch noch erinnern wirst, wie ich in der stärksten Sonnenhitze am „Pagen“ arbeitend, von Krampfanfällen angefallen wurde. Dann möchte ich wissen, liebe Clara, ob Du vielleicht für meine Kleidung gesorgt und ob Du manchmal Zigarren gesandt! Es liegt mir viel daran es zu wissen. Schreibe mir noch Genaueres über die Kinder, ob sie noch von Beethoven, Mozart und aus meinem Jugendalbum spielen, ob auch Julie das Spiel fortsetzt und wie sich Ludwig, Ferdinand und die liebenswürdige Eugenie zeigen. O wie gerne möchte ich Dein wundervolles Spiel einmal hören! War es ein Traum, daß wir im vorigen Winter in Holland waren, und daß Du überall so glänzend aufgenommen, namentlich in Rotterdam, und uns ein Fackelzug gebracht wurde, und wie Du in den Konzerten das Es-dur Konzert, die Sonaten aus C-dur und F-moll von Beethoven, Etüden von Chopin, Lieder ohne Worte von Mendelssohn, und auch mein neues Konzertstück in D so herrlich spieltest. Erinnerst Du Dich noch eines Thema in

Es-dur, was ich in der Nacht einmal hörte und Variationen darüber schrieb; könntest Du sie mir beilegen und vielleicht etwas von Deinen Kompositionen mit?

So viele Fragen und Bitten hab' ich – könnt' ich zu Dir und sie Dir aussprechen. Willst Du den Schleier über dieses oder jenes, worüber ich Dich gefragt, werfen, so tue es.

So leb denn wohl, geliebte Clara und ihr lieben Kinder, und schreibt mir bald!

Dein
alter getreuer
Robert.

Romantik und Romantik sind zwei Paar Stiefel. Romantik im Volksmund, das heißt: schummriges Kerzenlicht, intime Zweisamkeit, Richard Clayderman im CD-Player. In der Romantik als Epoche dagegen, für die der Komponist Robert Schumann einer der bedeutendsten Vertreter werden sollte, war beileibe nicht alles romantisch. Schummrige Kerzen dienten nicht dem Ambiente, sondern waren die einzige verbreitete Lichtquelle. Liebesbeziehungen waren häufig arrangierte Zweckgemeinschaften und berühmte Pianisten keine Fernsehentertainer am weißen Flügel, sondern anspruchsvolle Unterhalter für die gebildete Oberschicht.

Was die eine Romantik mit der anderen aber gemeinsam hat, ist die Sehnsucht. Die Poeten und Komponisten der Romantik waren auf der Suche nach der symbolhaften „blauen Blume", die alles sein konnte, was sie in ihr sehen wollten. Sie schätzten Gefühl mehr als Vernunft und sahen sich damit in Opposition zu den Vertretern der Aufklärung. Die Aufklärer blickten ins antike Rom und Athen. Das historische Ideal der Romantiker war dagegen das Mittelalter, das zum Mythos verklärt wurde. Typisch war auch das Kultivieren der eigenen Seelenqualen, die gerne mit der Kluft zwischen Vernunft und Gefühl erklärt wurden. Linderung suchten die Romantiker in der Welt der Empfindung und des Wunderbaren, Übersinnlichen, Märchenhaften.

Robert Schumanns Seelenqualen waren echt, ebenso wie sein Sinn für das Schöne. Seine heute besonders geschätzten Klavierstücke sind typische Werke der Romantik. Sie sind nach innen gekehrt und poetisch. Seine „Fantasiestücke" tragen Namen wie „Warum?" und „Traumes Wirren". Die Musik ist naturbezogen und verspielt. Da gibt es Waldszenen und Blumenstücke, da wird das einfache Leben auf dem Lande verklärt. Wobei das bekannte Schumann-Stück „Fröhlicher Landmann, von der Arbeit zurückkehrend" eigentlich ein Abgesang auf die traditionelle Landwirtschaft und damit die bäuerliche Lebensweise ist. Denn längst gab es mechanische Webstühle, Dampfmaschinen, die Eisenbahn – und damit Arbeiterelend. Und selbst dort, wo die traditionellen Strukturen noch funktionierten, war das Leben auf dem Lande kein Zuckerschlecken, sondern ein hartes Geschäft. Schumann sei es verziehen. Romantiker romantisieren eben gerne.

Die Epoche der Romantik hatte aber auch eine dunkle, morbide Seite. Nicht ohne Grund wurden in England und Amerika zu dieser Zeit mit der „Gothic Novel" die Wurzeln für die Entwicklung von Krimi und Horrorgeschichte gelegt, etwa von Mary Shelley und Edgar Allen Poe. Auch Robert Schumann hatte eine solche düstere Seite. Sie zeigte sich musikalisch, aber auch in seiner Persönlichkeit: Schumann, den seine Anhänger später gerne zum treuen und liebenden Ehemann stilisierten,

versuchte in Wirklichkeit immer wieder, den beruflichen Erfolg seiner Frau, der berühmten Pianistin Clara Schumann, geborene Wieck, zu sabotieren. Er mochte es nicht, dass sie lange Zeit für den gemeinsamen Lebensunterhalt sorgen musste, dass sie mehr Ruhm genoss als er und ständig auf Konzertreisen unterwegs war. Außerdem litt Schumann an einer schweren Psychose, die ihn zunehmend beeinträchtigte. Als der Komponist und Schriftsteller seiner Frau 1854 aus der Heil- und Pflegeanstalt in Endenich schrieb, war er einige Monate zuvor nach einem gescheiterten Selbstmordversuch aus dem Rhein gefischt worden. Schumann lebte schon seit seiner Jugend mit einer manisch-depressiven Störung, die sich in den 50er Jahren rapide verschlechterte. Er soll pausenlos

ROBERT SCHUMANN wurde am 8. Juni 1810 in Zwickau geboren. Er stammte aus einer Buchhändler- und Verlegerfamilie. Mit sieben Jahren begann er, Klavierspielen zu lernen. Ab 1828 studierte er Jura in Leipzig und Heidelberg, konzentrierte sich jedoch schon bald auf die Musik. 1830 brach er sein Studium ab. Er komponierte, bildete sich in Musiktheorie und nahm Klavierunterricht bei Friedrich Wieck in Leipzig, der ihm versprach, ihn zu einem der besten Pianisten überhaupt auszubilden. Durch exzessives Üben zog sich Schumann jedoch eine Sehnenscheidenentzündung zu, die zur Lähmung eines Fingers führte. Damit zerschlugen sich seine Träume von einer Pianistenlaufbahn. 1834 gründete Schumann die „Neue Zeitschrift für Musik“, die bis heute existiert. 1835 verliebte er sich in die Tochter seines Klavierlehrers, Clara Wieck. Nach einem erfolgreichen Prozess gegen den Vater, der in die Ehe nicht einwilligen wollte, kam es 1840 zur Hochzeit. Das Paar bekam acht Kinder. Schumanns romantische Kompositionen stießen gerade bei anderen Komponisten häufig auf wenig Begeisterung und sicherten ihm kein geregeltes Einkommen. Für den Familienunterhalt sorgte Clara, die einen exzellenten Ruf als Konzertpianistin genoss.

In den 30er und 40er Jahren schuf Schumann ungeachtet der öffentlichen Rezeption unzählige Klavier- und Orchesterwerke sowie eine Vielzahl von Liedern. Daneben publizierte er weiter musikgeschichtliche Beiträge und Kritiken. 1840 erhielt Schumann die Ehrendoktorwürde der Universität Jena. 1843 unterrichtete er eine Zeit lang am Leipziger Konservatorium. In den folgenden Jahren verschlechterte sich Schumanns Gesundheitszustand. Er litt unter Angstattacken, ständiger Nervosität und Schwindelanfällen. Zur gleichen Zeit bemühte er sich um eine feste Anstellung, fand aber erst 1849 eine Stelle als Städtischer Musikdirektor in Düsseldorf. Dort litt er sehr unter der mangelnden Disziplin und Zuverlässigkeit der Orchestermusiker und Chorsänger, mehrfach dachte er über einen Rücktritt nach. Im Februar 1854 nahm seine Krankheit solche Ausmaße an, dass er zu Hause bleiben musste, wo seine Frau und die Kinder ihn möglichst keine Sekunde mehr unbeobachtet ließen. Dennoch gelang es ihm am 27. Februar, zu fliehen und sich von einer Brücke in den Rhein zu stürzen. Er wurde von Rheinschiffern gerettet und in die gerade neu eröffnete Heil- und Pflegeanstalt in Endenich (heute ein Stadtteil von Bonn) eingewiesen, die er bis zu seinem Tod nicht mehr verließ. Er versuchte, in der Anstalt weiter zu komponieren und Klavier zu spielen, wurde jedoch zunehmend von Wahnvorstellungen und Wutanfällen überwältigt. Robert Schumann starb am 29. Juli 1856, seine Frau Clara hatte ihn wenige Tage zuvor zum ersten und letzten Mal besucht.

Geräusche, Klänge, Musik in seinem Kopf gehört haben, später verfolgten ihn Wahnvorstellungen. Ob seine lange verschwiegene Syphilisinfektion der Auslöser für die psychische Erkrankung war, lässt sich nicht sagen, ausgeschlossen ist es nicht.

Manisch-depressive Störungen sind auch heute noch, trotz hochwirksamer Psychopharmaka und Psychotherapie, nur schwer zu behandeln. Erst recht war gegen die Krankheit Mitte des 19. Jahrhunderts kein Kraut gewachsen. In seinem Brief, in dem sich Schumann nach seinen Kindern erkundigte und bei seiner Frau Zigarren und Notenpapier bestellte, ist von Manien und Depressionen dennoch nichts zu spüren. Was Schumann aus der Heilanstalt schrieb, klingt ganz normal. Wobei: Eine Zustandsbeschreibung sparte Schumann aus, nur einmal spielte er auf frühere Krampfanfälle an. Vielleicht verschwieg er seinen Zustand bewusst, vielleicht bewegte er sich zum Zeitpunkt, als er den Brief schrieb, auch in einer normalen Zwischenphase zwischen Depression und Manie. Fakt ist jedoch, dass Schumann in der Heilanstalt Wutausbrüche zeigte und von ihm ein erhebliches Gefährdungspotenzial für sich selbst und andere ausging. Dies zeigen die Krankenakten.

Trotz seiner gesundheitlichen Defizite (oder vielleicht gerade ihretwegen, ein Gutteil der Antriebskraft seines Genies resultierte aus der Krankheit) hat Schumann wunderschöne Musik geschrieben, häufig inspiriert von seiner hochbegabten, aber als Komponistin unterschätzten Frau. Vielleicht war das Komponieren für den psychotischen Komponisten gleichzeitig Zwang und Linderung, ebenso Fluch wie Segen. Generationen von Klavierschülern lernen seine Stücke bis heute, und nicht wenige sind durch den großen Romantiker erst auf den Geschmack gekommen.

Auch wenn Romantik und Romantik zwei Paar Stiefel sind: Schumanns Werke sind ohne Zweifel im doppelten Sinn romantisch. Deshalb sollte Schumanns berühmte „Träumerei" möglichst niemals, niemals auf einem weißen Flügel gespielt werden. Zu dick aufgetragen, wird Romantik Kitsch.

CLARA SCHUMANN, geborene Wieck, wurde am 13. September 1819 in Leipzig als Tochter des Theologen und Musikers Friedrich Wieck und der Sängerin und Pianistin Marianne Tromlitz geboren. Claras Vater wollte aus seiner hochmusikalischen Tochter ein Wunderkind machen und ließ sie früh privat im Klavierspiel unterrichten. Die Wünsche des Vaters wurden wahr, bereits 1829, mit zehn Jahren, trat Clara zum ersten Mal vor Publikum auf. Wenig später schrieb sie die ersten von vielen eigenen Kompositionen, für die ihr aber zu Lebzeiten kaum Anerkennung zuteilwurde. Sie lernte schon als Kind Robert Schumann kennen, der bei ihrem Vater Unterricht nahm und den sie bald zu verehren begann. Nach der Hochzeit 1840 musste Clara Schumann ihre beruflichen Ambitionen zunächst zurückstellen, sie gebar acht Kinder in enger Folge. Bald setzte sie sich jedoch gegen ihren Mann durch, der sie stärker an den Haushalt binden wollte, und ging wieder auf Konzerttourneen. Davon profitierte auch Robert Schumann, dessen Werke sie häufig interpretierte und damit in ganz Europa bekannt machte.

1853, also noch bevor Robert Schumann seinen Selbstmordversuch unternahm und in die Heilanstalt eingeliefert wurde, lernte Clara Schumann den 14 Jahre jüngeren Komponisten Johannes Brahms kennen. Zwischen den beiden entstand eine Beziehung, von der niemand sagen kann, wie weit sie sich entwickelte. Ihre Briefe wollten die beiden im beiderseitigen Einvernehmen vernichten. Allerdings bewahrte Clara Schumann einige Schriftstücke Brahms' auf, die zumindest ein wenig Einblick in ihr Verhältnis gewähren. Darin steht beispielsweise, dass die beiden eine Bloßstellung in der Presse fürchteten. Als gesichert gilt außerdem, dass Johannes Brahms eine Zeit lang mit Clara Schumann in Düsseldorf heimlich zusammenlebte. Dies steht eindeutig im Widerspruch zum Mythos, an dem Clara Schumann strickte. Sie wollte als liebende Gemahlin in die Geschichte eingehen.

Als Schumann nach seinem Selbstmordversuch in die Heil- und Pflegeanstalt kam, flüchtete Clara sich nicht zu Brahms, sondern zu einer Freundin. Die Ärzte rieten ihr davon ab, ihren Mann in der Anstalt zu besuchen, sie tat es nur ein einziges Mal, kurz vor Schumanns Tod. Nur über Briefe blieben die Eheleute in Kontakt. Nach Schumanns Tod erkaltete die Beziehung zu Johannes Brahms. Clara nahm ihre Konzertreisen wieder auf. 1863 zog sie nach Baden-Baden, von dort aus „tourte" sie in Deutschland und Europa. 1878 wurde sie Erste Klavierlehrerin am Konservatorium in Frankfurt am Main, daneben gab sie die gesammelten Schriften und Werke ihres verstorbenen Mannes heraus. 1891 spielte sie ihr letztes Konzert im Alter von 71 Jahren. Clara Schumann starb am 20. Mai 1896 in Frankfurt am Main an den Folgen eines Schlaganfalls.

Rosemarie Peña

12 August 2008

Liebe Schwester,

I just arrived safely back in the US, but my heart is still in Helmarshausen. The memories that I have now will be treasured and cherished for the rest of my life.

We rode to Frankfurt with the music playing "Rosie's Return" over and over & I immediately put both CDs on my ipod so I didn't sleep much on the plane. I just listened to music, looked at my photos and glanced through all the new books and magazines. There are so many feelings to process now at once. I am committed to immersing myself in the German language with a renewed purpose and fervor. It is amazing to be connected to REAL, LIVING people, with such a rich history & culture.

There are no words to express my gratitude to you. It was as if you gift wrapped my dreams and handed them to me in a beautiful jewelry box. Nothing could have made this a richer experience. It will take some time to process all of these emotions.

My children were so happy to see me & had so many nice surprises. It was hard for them to see that although I was indeed glad to see them, I was a bit sad to be back home. Now of course, my body clock is on German time so it was very difficult to stay asleep past 3 am this morning.

We did try but were not able to change the reservation so that we could visit Hamburg, but I believe things happen how they are supposed to. When I got to Frankfurt and could check my email, I had a message from someone that may be a relative. We have communicated briefly, & I am going to send you the messages. It is quite exciting news.

It will take some time to reconnect with all of the friends that I met and of course I must send all of the photos & videos. Sharing this experience will not be easy and so many here in the US are waiting to hear about my trip. It is impossible to verbalize all of my emotions. I'm sure you and everyone else is now very busy getting back to life and work there.

I love & miss you already and will be looking forward to our next meeting.

Vielen herzlichen Dank!!!

Rose

Rosemarie Peña an NOAH SOW

12. August 2008

Liebe Schwester,

ich bin eben erst wohlbehalten in die USA zurückgekehrt, doch mein Herz ist noch in Helmarshausen. Die Erinnerungen, die ich mitgebracht habe, werden mir mein ganzes Leben lieb und teuer sein.

Auf der Fahrt nach Frankfurt spielten wir immer wieder „Rosie's Return" & ich habe beide CDs sofort auf meinen iPod übertragen, deshalb bekam ich auf dem Flug nicht viel Schlaf. Ich hörte Musik, schaute meine Fotos an und blätterte die vielen neuen Bücher und Zeitschriften durch. Es gibt gerade so viele Gefühle auf einmal zu verarbeiten. Ich bin fest entschlossen, mich mit neu erwachter Motivation und Leidenschaft in die deutsche Sprache zu vertiefen. Es ist wundervoll, mit ECHTEN, LEBENDIGEN Menschen verbunden zu sein, die eine so reiche Geschichte und Kultur haben.

Ich finde keine Worte, um Dir meine Dankbarkeit auszudrücken. Es ist, als hättest Du meine Träume in Geschenkpapier verpackt und sie mir in einer wunderschönen Schmuckdose überreicht. Nichts hätte diese Erfahrung noch reicher machen können. Ich werde einige Zeit brauchen, um all die Gefühle zu verarbeiten.

Meine Kinder freuten sich so, mich zu sehen, & sie hatten eine Menge Überraschungen für mich. Es fiel ihnen schwer zu verstehen, dass ich – obwohl es mich wirklich glücklich machte, sie wiederzusehen – ein bisschen traurig darüber war, wieder zu Hause zu sein. Im Moment ist meine innere Uhr natürlich noch auf die deutsche Zeit eingestellt, und so war es heute Morgen sehr schwierig, länger als bis 3 Uhr durchzuschlafen.

Wir hatten zwar versucht umzubuchen, um einen Abstecher nach Hamburg zu machen, aber das klappte nicht. Doch ich glaube, alles geschieht so, wie es geschehen soll. Als ich in Frankfurt ankam und meine E-Mails abrufen konnte, fand ich eine Nachricht von jemandem, der möglicherweise mit mir verwandt ist. Wir haben uns kurz ausgetauscht & ich werde Dir diese Nachrichten zukommen lassen. Es sind ziemlich aufregende Neuigkeiten.

Es wird etwas dauern, bis ich mit all den Freunden, die ich getroffen habe, wieder in Verbindung treten kann, und natürlich muss ich die ganzen Fotos & Videos verschicken. Es wird nicht leicht, diese Erfahrung mit anderen zu teilen, und so viele Menschen hier in den USA warten darauf, von meiner Reise zu hören. Es ist unmöglich, meine Gefühle in Worte zu fassen. Ich bin sicher, dass Ihr alle inzwischen schwer damit beschäftigt seid, wieder in Euren Alltag und zu Eurer Arbeit zurückzufinden.

Ich liebe Dich & vermisse Dich schon jetzt und freue mich sehr auf unser nächstes Wiedersehen.

Vielen herzlichen Dank!!!
Rose

Rosemarie Peña an NOAH SOW

In den Jahren nach dem Zweiten Weltkrieg kamen in Deutschland viele Kinder zur Welt, die aus Beziehungen zwischen schwarzen Soldaten der Alliierten und weißen deutschen Frauen stammten. Dass man diese Kinder nicht gerade willkommen hieß, lassen bereits die rassistischen Bezeichnungen der damaligen Zeit erahnen: „Negermischling", „Bastard", „Besatzungskind".

Aufgrund massiver gesellschaftlicher Anfeindungen war es für die meisten Mütter sehr schwer, ihre Kinder in einem sicheren, unbeschwerten Umfeld großzuziehen. Scham, Überforderung und nicht zuletzt das Drängen von behördlicher Seite, die Babys besser in Heime zu stecken, führten häufig zu Verzweiflungstaten. Um das zu verhindern, berieten Deutschland und die USA schließlich über Möglichkeiten, afrodeutsche Kinder in die Staaten auszusiedeln, damit amerikanische Paare sie adoptieren konnten.

Ihre Kinder zur Adoption freizugeben, wurde von deutscher Seite auch jenen Müttern nahegelegt, die ihre Kinder selbst aufziehen wollten. Gerade „solche" Kinder – so die scheinheilige Begründung – hätten es in den USA viel leichter, weil sie wegen der dortigen Bevölkerungsstruktur unter „ihresgleichen" wären und besser integriert werden könnten. Die Wahrheit ist eine andere: Der Rassenwahn des Nationalsozialismus lag erst wenige Jahre zurück, und dem Adenauerstaat war an einer Auseinandersetzung darüber nicht gelegen. In einem Deutschland, das sich grundsätzlich als weiß verstand, passten schwarze Babys nicht ins Bild.

Eines dieser nur zu gern in die Vereinigten Staaten abgeschobenen Kinder war Wanda Lynn Haymon. Sie erinnert sich, dass sie schon als kleines Mädchen immer das Gefühl hatte, nicht richtig dazuzugehören. Lange Zeit tappte sie im Dunkeln, woher dieses Gefühl kam. Wanda wusste nicht, dass sie adoptiert war. Erst mit 38 Jahren fand sie heraus, dass ihre Eltern ihr – mit den besten Absichten – ihre wahre Identität verschwiegen hatten. Ihr ursprünglicher Name lautete nicht Wanda Lynn, sondern Rosemarie. Und sie war nicht in den USA, sondern

ROSEMARIE PEÑA wurde 1956 geboren und wuchs als Wanda Lynn Haymon bei ihren Adoptiveltern in den USA auf. Sie graduierte 1975 als Magistra in „General Studies" an der Boston University sowie 1983 als Bachelor im Fachbereich Psychologie und 2010 im Fachbereich „German Studies" an der Rutgers University. In erster Linie sieht sie sich als Mutter ihrer Kinder Brandi und Brandon. Von ihrer Adoption erfuhr Rosemarie Peña mit 38 Jahren. Mit ihrer biologischen Mutter traf sie erstmals in den 90er Jahren in den USA zusammen, doch blieb das Verhältnis bis zu deren Tod belastet. Rosemarie Peña hat drei Halbschwestern, nur zu einer pflegt sie regelmäßig Kontakt.

Rosemarie Peña ist Vorsitzende der „Black German Cultural Society" und setzt sich in dieser Funktion für eine internationale Repräsentation schwarzer Deutscher ein. Eigene Perspektiven und Erfahrungen in den Mittelpunkt zu stellen und Netzwerke zu schaffen, um einen künftig interkontinentalen Austausch zwischen schwarzen Deutschen zu gewährleisten, ist eines ihrer Lebensziele. Seit einigen Jahren unterhält Rosemarie Peña lebhafte Verbindungen nach Deutschland, speziell zur schwarzen deutschen Community.

Rosemarie Peña an NOAH SOW

in Deutschland geboren worden. Ihre Mutter war Ilse Möllgaard, eine dänische Holocaust-Überlebende, die die Nazis als Jugendliche im KZ Theresienstadt inhaftiert hatten. Nach der Befreiung kam sie zunächst in ein Kinderheim, später arbeitete sie als Haushaltshilfe.

Ilse Möllgaard – so ihre Version der Geschichte – ging nicht, wie viele Frauen im Nachkriegsdeutschland, aus freien Stücken eine Beziehung mit einem schwarzen Besatzungssoldaten ein. Einer ihrer Arbeitgeber, ein Angehöriger der britischen Armee, vergewaltigte die junge Frau. Während ihrer Schwangerschaft lernte Ilse einen Amerikaner kennen und heiratete ihn, zog mit ihm in seine Heimat Texas und gab kurz darauf ihre erstgeborene Tochter mit dem Nachnamen ihres Ehemannes zur Adoption frei. Aus Rosemarie Larey war Wanda Lynn Haymon geworden.

Wanda Lynn lebte ihr Leben, heiratete und nahm den Namen ihres Mannes an. Mit 38 Jahren fand sie ihre wahre Identität heraus und wählte ihren ursprünglichen Vornamen. Rosemarie Peña hatte noch die Gelegenheit, ihre biologische Mutter kennenzulernen, bevor diese 2002 starb. Doch es war kein einfaches Wiedersehen. Ilse Möllgaard litt noch immer unter den leidvollen Erfahrungen, die sie während des Nationalsozialismus gemacht hatte. Und sie tat sich schwer damit, eine Verbindung zu der Tochter herzustellen, die, aus ihrer Sicht der Geschichte, einer Vergewaltigung entstammte.

Heute ist Rosemarie Peña die Vorsitzende der „Black German Cultural Society" in den USA. Die deutsche Journalistin und Kulturschaffende Noah Sow stieß über das Internet auf diese Organisation, erfuhr von Rosemarie Peñas bewegender Geschichte und lud diese 2008 zum bundesweiten Treffen der Initiative Schwarze Menschen in Deutschland nach Helmarshausen ein. Schnell entwickelte sich eine tiefe Bindung zwischen beiden Frauen. Mit Anfang 50 begann Rosemarie Peña Deutsch zu studieren und hat als Stipendiatin für ein Forschungsprojekt mittlerweile auch einige Zeit in Berlin verbracht.

Rosemarie Peñas Leben offenbart viel über deutsche Geschichte und darin nicht sofort sichtbare Verbindungen. Es berichtet vom Grauen des Holocaust ebenso wie vom Schicksal der afrodeutschen Nachkriegskinder. Es dokumentiert die mangelnde Bereitschaft einer weiß dominierten Gesellschaft, diese Kinder mit der gleichen Selbstverständlichkeit zu behandeln wie ihre weißen Altersgenossen. Und es erzählt von Vergewaltigungsopfern, die schwanger werden und ihr eigenes Kind nicht akzeptieren können.

Rosemarie Peña nimmt sich in den USA mit Vorträgen und Veröffentlichungen der Aufgabe an, die Geschichte der schwarzen Kinder in Deutschland bekannt zu machen. Noah Sow kämpft in Deutschland gegen die gesellschaftliche Diskriminierung schwarzer Menschen, insbesondere in den Medien. Auch wenn ihre Biografien unterschiedlicher nicht sein könnten: Beide Frauen sind schwarze Deutsche und arbeiten daran, dass schwarze Geschichte endlich auch ein Teil der offiziellen deutschen Geschichte wird.

NOAH SOW wurde in Oberbayern geboren und lebt in Hamburg. Sie begann ihre Karriere 1990 als Sängerin, Komponistin und Radiomoderatorin. Vielen ist sie durch Personality-Sendungen bei WDR Einslive, Radio Fritz und anderen Sendern bekannt.

Heute ist Noah Sow als Journalistin, Kulturschaffende, Musikerin und Autorin tätig. Sie engagiert sich in unterschiedlichen Projekten intensiv in der Antirassismus-Arbeit und hält Vorträge zu den Themen Dominanzkultur, Medien und Rassismus sowie „Critical Whiteness". Sie ist Mitglied im „Interkulturellen Rat Deutschland", außerdem Vorsitzende und Gründungsmitglied der ersten schwarzen deutschen Media-watch-Organisation „der braune mob". „Mit Streicheln und ganz lieb Nachfragen verändert man keine Herrschaftsstrukturen."

2008 veröffentlichte Noah Sow ihr Buch „Deutschland Schwarz Weiß. Der alltägliche Rassismus", das inzwischen auch als Hörbuch erschienen ist. Dass schwierige Themen durchaus mit Humor bearbeitet werden können, zeigt sie ebenfalls in ihrer satirischen Multimedia-Bühnenshow „Edutainment Attacke!", in der sie deutschlandweit zu sehen ist.

Noah Sow war und ist an unterschiedlichen Live- und Studiomusikprojekten beteiligt. Die CDs ihrer Band NOISEAUX erscheinen auf ihrem eigenen Label Jeanne Dark Records.

QUELLENNACHWEISE

Quellennachweise

S. 12, 14	„Ingeborg Bachmann an Paul Celan, München 28.–29.10.1957" aus: Ingeborg Bachmann, Paul Celan, Herzzeit – Ingeborg Bachmann – Paul Celan. Der Briefwechsel. © Suhrkamp Verlag Frankfurt am Main 2009
S. 18	© Beethoven-Haus Bonn, Dauerleihgabe der Julius-Wegelerschen Familienstiftung
S. 24/25	© Erich Maria Remarque Papers, Fales Library, New York University/mit freundlicher Genehmigung der Marlene Dietrich Collection GmbH, München
S. 30	© Christine Müller
S. 34	Brief Heines an seine Mutter Betty Heine vom 28.12.1848. Faksimile © Heinrich-Heine-Institut, Düsseldorf
S. 38/39	© Stefan George Archiv Stuttgart
S. 40	© Stefan George Archiv Stuttgart
S. 46	© Wiedergabe des „Faksimiles" mit freundlicher Genehmigung des Hoffmann und Campe Verlags, Hamburg
S. 52	© Nachlass Luiselotte Enderle
S. 58	© Wladimir Klitschko/ Klitschko Management Group GmbH
S. 62	© Claudia Kotter
S. 68/69, 71	© Bauhaus-Archiv Berlin
S. 78	Keystone, Thomas-Mann-Archiv/ © S. Fischer Verlag GmbH, Frankfurt am Main
S. 84, 86/87	© Paula-Modersohn-Becker-Stiftung, Bremen
S. 92	© The British Library Board. Zweig 67
S. 98	© Österreichisches Theatermuseum
S. 104–106	© Uschi Obermaier
S. 110	© Ruth P.
S. 112	© Bärbel und Rolf Pester
S. 113	© Bärbel und Rolf Pester
S. 118	© Schweizerische Nationalbibliothek/NB, Bern
S. 124	© bpk/SBB
S. 130	© Archiv der Gesellschaft der Musikfreunde in Wien
S. 136	© Rosemarie Peña
Cover	Mahler: © Bauhaus-Archiv Berlin Schneider: © bpk/SBB Rilke: © Schweizerische Nationalbibliothek/NB, Bern Heine: © Heinrich-Heine-Institut, Düsseldorf Modersohn-Becker: © Paula-Modersohn-Becker-Stiftung, Bremen Kästner: © Nachlass Luiselotte Enderle

Bildnachweise:

S. 7	© Andreas Kühlken
S. 9	© Philipp von Hessen
S. 16	© Erica Loos; DLA-Marbach
S. 17	© Schulda-Müller; DLA-Marbach
S. 21	© Beethoven-Haus Bonn
S. 22	© Beethoven-Haus Bonn
S. 27	© bpk | Bayerische Staatsbibliothek
S. 29	© bpk | Bayerische Staatsbibliothek | Felicitas Timpe
S. 33	© Robert-Enke-Stiftung
S. 35	Isidor Popper: Porträt Betty Heines. Öl auf Leinwand © Heinrich-Heine-Institut, Düsseldorf
S. 37	© bpk | Hamburger Kunsthalle | Elke Walford
S. 43	© Frankfurter Goethe-Haus – Freies Deutsches Hochstift
S. 44	© Stefan George Archiv Stuttgart
S. 50	© bpk
S. 51	© bpk
S. 55	© Fotoarchiv Erich Kästner, RA Peter Beisler, München
S. 57	© bpk
S. 61	© Norbert Weidemann

S. 65	© Philipp von Hessen
S. 66	© Anne Wilk
S. 72	© Kinowelt
S. 73	© bpk
S. 74	© bpk
S. 77	© bpk | Kunstbibliothek, SMB, Photothek Willy Römer/Walter Stiehr
S. 80	© bpk
S. 83	© bpk
S. 88	© Paula-Modersohn-Becker-Stiftung, Bremen
S. 91	© Paula-Modersohn-Becker-Stiftung, Bremen
S. 96	© Internationale Stiftung Mozarteum (ISM)
S. 97	© Deutsches Historisches Museum
S. 103	© Österreichisches Theatermuseum
S. 107	© picture-alliance/dpa
S. 108	© bpk | Bayerische Staatsbibliothek | Felicitas Timpe
S. 111	© H zwo B Kommunikations GmbH
S. 115	© Bärbel und Rolf Pester
S. 116	© Philipp von Hessen
S. 121	© Geheeb-Archiv der Ecole d'Humanité
S. 123	© bpk
S. 127	© bpk/Willi Saeger
S. 129	© Ministère de la culture – Médiathèque du Patrimoine/Sam Lévin/dist.RMN
S. 133	© bpk
S. 135	© bpk/Alfredo Dagli Orti
S. 139	© Rosemarie Peña
S. 141	© anatol kotte
Cover	Gropius, Kafka, Kästner, Mann, Pringsheim, Rilke: © bpk Schneider: © Ministère de la culture – Médiathèque du Patrimoine/Sam Lévin/dist.RMN Dietrich: © bpk | Bayerische Staatsbibliothek Beethoven: © Beethoven-Haus Bonn Nestroy: © Österreichisches Theatermuseum Klitschko: © Norbert Weidemann Heine: © bpk | Hamburger Kunsthalle | Elke Walford von Hofmannsthal: © Frankfurter Goethe-Haus – Freies Deutsches Hochstift Bachmann: © Erica Loos; DLA-Marbach Modersohn-Becker: © Paula-Modersohn-Becker-Stiftung, Bremen Sow: © anatol kotte Karasek (Klappe): © Philipp von Hessen

Wir haben uns bemüht, bei der Einholung der Abdruckrechte sorgfältig zu arbeiten. Sollte dennoch jemand seine Rechte verletzt sehen, so wende er sich bitte an den Verlag.

bpk = Bildarchiv Preussischer Kulturbesitz DHM = Deutsches Historisches Museum DLA = Deutsches Literaturarchiv Marbach
dpa = Deutsche Presse-Agentur SBB = Staatsbibliothek zu Berlin SMB = Staatliche Museen zu Berlin

Idee und Konzeption: Dr. Martin Dopychai, Gerd Kühlhorn
Texte: Hans Pöllmann, Sonja Wild
Designkonzept: Walter Schönauer
Layout: Roman Bold & Black

Projektkoordination und Redaktion: Verena von Holtum, Pit Pauen
Freie Mitarbeit: Philipp Mißfelder
Lektorat: Claudia Jürgens, Pit Pauen
Korrektorat: Mareike Ahlborn
Herstellung: Alwine Krebber
Litho: Medien Team-Vreden

Herausgegeben von der teNeues Publishing Group

teNeues Verlag GmbH + Co. KG
Am Selder 37, 47906 Kempen, Germany
Tel.: 0049-2152-916-0
Fax: 0049-2152-916-111
E-Mail: books@teneues.de

Presseabteilung: Andrea Rehn
Tel.: 0049-2152-916-202
E-Mail: arehn@teneues.de

teNeues Publishing Company
7 West 18th Street, New York, NY 10011, USA
Tel.: 001-212-627-9090
Fax: 001-212-627-9511

teNeues Publishing UK Ltd.
21 Marlowe Court, Lymer Avenue, London SE19 1LP, Great Britain
Tel.: 0044-208-670-7522
Fax: 0044-208-670-7523

teNeues France S.A.R.L.
39, rue des Billets, 18250 Henrichemont, France
Tel.: 0033-2-4826-9348
Fax: 0033-1-7072-3482

www.teneues.com

ISBN 978-3-8327-9452-1
Printed in Italy

Bibliografische Information der Deutschen Nationalbibliothek
Die Deutsche Nationalbibliothek verzeichnet diese Publikation in der Deutschen Nationalbibliografie; detaillierte bibliografische Daten sind im Internet über http://dnb.d-nb.de abrufbar.

teNeues Publishing Group
Kempen
Berlin
Cologne
Düsseldorf
Hamburg
London
Munich
New York
Paris

teNeues

MIX
Papier aus verantwortungsvollen Quellen
Paper from responsible sources
FSC® C023419
FSC www.fsc.org